중국문화 · 8

中國文物

문물

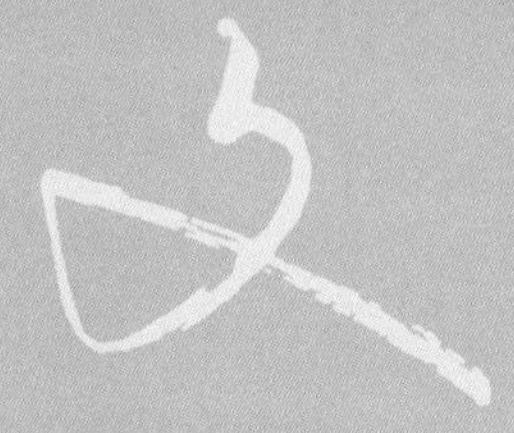

중국문화 · 8

中國文物

문물

리리 지음
김창우 옮김

대가

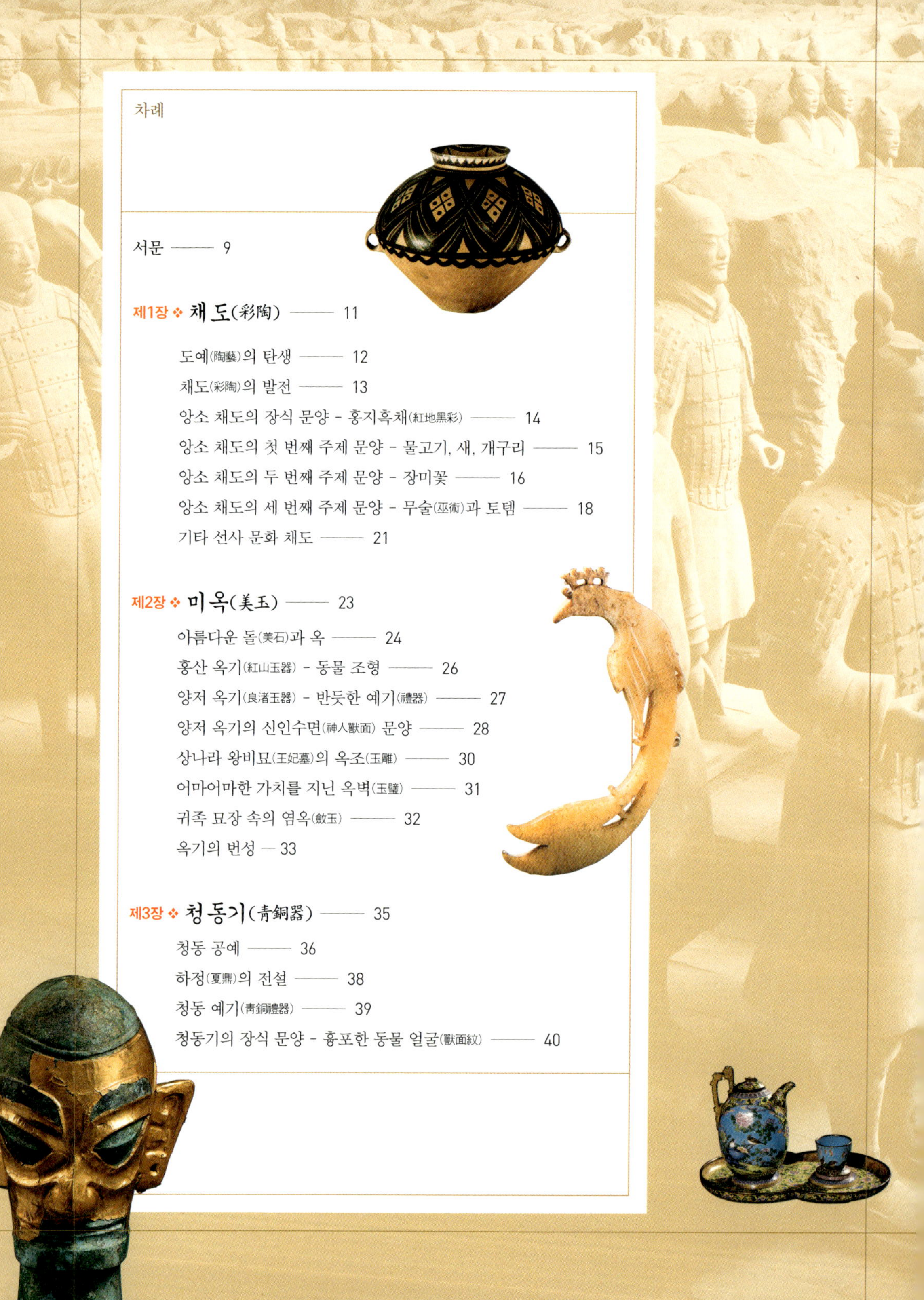

차례

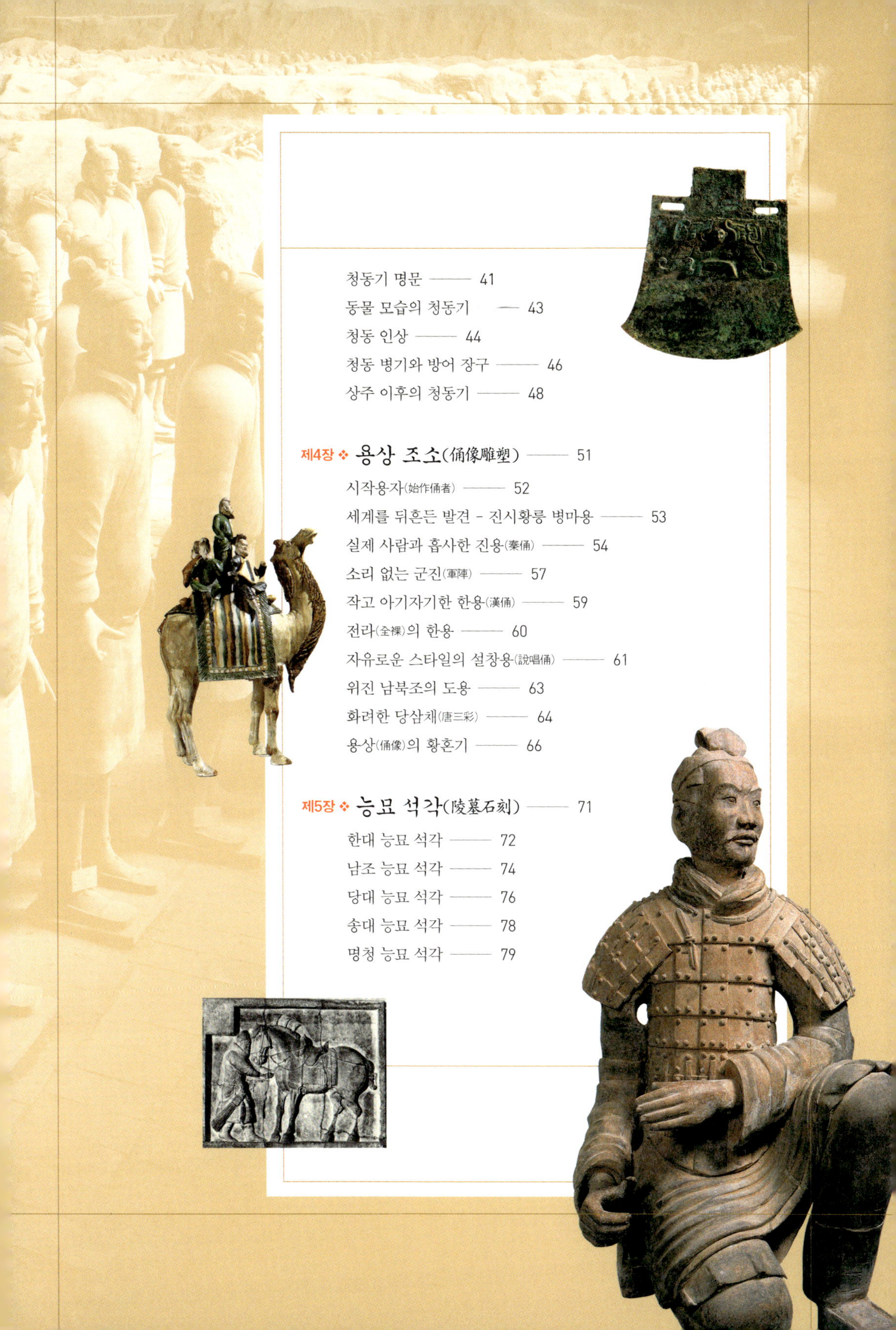

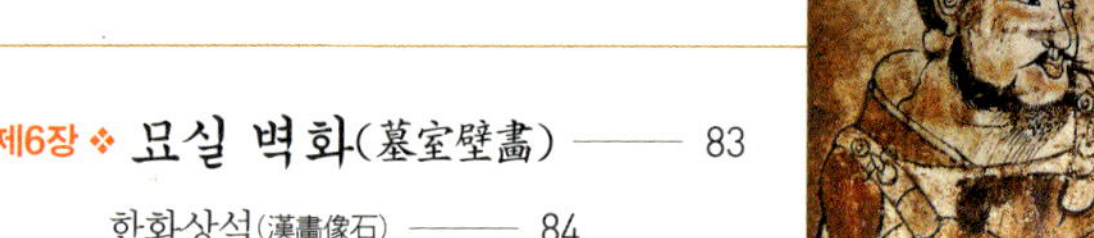

서문

널리 알려진 바와 같이 중국은 세계 4대 문명 발상지 중 하나이다. 중국 문명이 메소포타미아와 이집트, 인더스 문명 등 다른 3대 문명과의 큰 차이점은 바로 연속성과 비 단절성에 있다. 황색 피부의 중국인들은 아시아 대륙 동부의 드넓은 대지 위에 어머니의 젖줄과도 같은 양자강과 황하 유역에서 대대로 살아왔으며 동일한 문화적 전통을 계승하여 왔다. 이러한 문화적 전통은 왕조가 계속 바뀌어도 변하지 않았으며 몇 차례에 걸쳐 침략한 이민족들도 결국 중국 문명의 큰 틀 안으로 흡수되었다. 중화 민족은 바다와 같이 넓은 포용력으로 몇천 년간의 역사의 흐름 속에서 유구하고 찬란한 중화 문명을 꽃피웠다.

중국 문명의 유구함과 방대함, 그리고 심오함을 보여주는 것 중 하나가 바로 다양한 종류를 자랑하는 수많은 옛 유적과 유물들이다. 여기에는 인류 물질 문화의 모든 영역의 내용이 담겨 있다. 중국의 문물은 크게 두 가지로 나눌 수 있는데 첫째, 이동할 수 없는 문물로 주로 지하의 옛 유적들, 즉 옛터, 고대 건축, 고대 묘장(墓葬), 석굴사(石窟寺) 등이다. 둘째, 이동할 수 있는 문물로 주로 옛 기물(器物), 즉 석기, 도기(陶器), 옥기(玉器), 동기(銅器), 석조(石雕), 도용(陶俑), 불교 조상(佛教造像), 금은기(金銀器), 자기(瓷器), 칠기(漆器), 죽목아각기(竹木牙角器), 가구, 서화와 고문헌 등이다. 본서에서는 바로 두 번째 종류의 옛 기물들을 위주로 소개하였는데 간혹 첫 번째 종류와 관련되는 내용도 포함된다.

일찍이 11세기 북송 시대부터 몇몇 문인 사대부들이 옛 기물들을 연구하기 시작하였는데 그들은 주로 명문(銘文)이 새겨진 청동기나 석비명(石碑銘)을 연구하였기 때문에 '금석학(金石學)'이라 하였다. 후에 옛 유물들은 연구 대상이 점점 넓어지면서 '고기물(古器物)' 혹은 '고물(古物)'이라 통칭되었고 명청 시대에는 '고동(古董)', '골동(骨董)' 혹은 '고완(古玩)'이라 칭하였다. 1950년 이후에 이러한 명칭은 '문물(文物)'이라는 말로 통일되었다.

거의 반세기 동안 중국 대륙에서는 고고학적 현장 조사와 발굴 작업이 계속 이루어졌고 특히 최근 20여 년간 경제가 빠르게 발전하면서 각지에서 건축 공사가 활발히 진행되었는데 이 과정에서 자연스럽게 지하에 묻혀 있던 수많은 귀중한 문물들이 발견되었다. 또한 고고학적인 기술과 수단이 발달하면서 놀랄 만한 고고학적 발견들도 잇따르게 되었다.

본서에서는 중국의 문물을 종류별로 나누어 서술하였다. 도기, 미옥(美玉), 청동기(青銅器), 용상 조소(俑像雕塑), 능묘 석각(陵墓石刻), 묘실 벽화(墓室壁畫), 석굴사와 불교 조형 예술, 금은기, 자기, 가구, 칠기, 공예품 등 크게 12종류로 구분하였다. 장마다 각 문물의 연원과 대략적인 발전 과정을 소개하였고 특히 문물이 가장 발전하고 융성했던 시기를 중점적으로 다루었다.

여기에 소개한 문물들 외에도 중국 5000년 문명이 남긴 풍부한 유물 중에서 감상하고 알아두어야 할 것으로 금속 화폐, 고적 판본(古籍版本), 서화 예술(書畵藝術) 등이 있지만 이들은 본서의 몇몇 장에서 간단히 다룰 수 있는 분량이 아니다. 중국의 모든 문물에 대해 포괄적이고 자세히 설명하는 것은 매우 방대한 작업이므로 본서에서는 개략적이나마 중국 문물에 대해 독자들이 이해할 수 있도록 최선을 다했다.

제1장 • 채도(彩陶)

용산 문화(龍山文化) 백도규(白陶鬶). 산동 유방(濰坊) 출토

도기는 중국의 문물 중에서 가장 이른 시기에 출현했다. 고고학적 연구에 따르면 최초의 도기는 중국에서 약 1만 년 전에 등장한 것으로 파악된다. 강서(江西) 만년(萬年) 선인동(仙人洞)에서 출토되어 복원한 도기 항아리(陶罐)는 완전히 복원된 현존하는 도기 중 가장 오래된 것이다.

도예(陶藝)의 탄생

초창기 인류는 우리가 딛고 사는 땅에서부터 최초의 창작 영감을 얻었다. 도기도 이렇게 태어난 것으로 먼저 흙에 물을 섞어 진흙을 만들고 이를 길게 만들거나 둥근 고리로 만들어 원통을 만든다. 그리고는 잘 반죽하여 다듬은 원형 조각을 진흙 원통 밑에 붙여 바닥을 만든 후 계속 다지며 다듬는데 중간의 배 부분은 볼록하게 튀어나오게 하고 입구는 비교적 좁게 하여 대강 항아리를 만든다. 아직 물렁물렁한 항아리를 나무 그늘에서 적당히 건조시킨 후 표면을 다시 매끄럽게 다듬고는 장작과 건초더미 속에 넣고 불로 굽는데 이렇게 해서 나오는 것이 바로 딱딱하게 변한 도기 항아리이다.

이러한 도기들은 처음에는 외형이 투박하고 거칠며 형태도 일정치 않았다. 불을 잘 조절하지 못했기에 색채 또한 들쭉날쭉하였다. 하지만 이것들도 각 민족의 조상들이 수많은 세대에 걸쳐 경험을 쌓고 수백 년이 흐른 후에야 비로소 나온 것이다.

도기 제작법을 알기 이전의 인류가 만든 도구나 장식품은 모두 자연 그대로의 것을 변형시킨 것이다. 예를 들어 돌을 쪼개고 깨서 만든 석편(石片)이나 돌을 갈고 다듬어서 특정 형태로 만든 도구들, 혹은 짐승의 이빨이나 조개껍데기 등에 구멍을 내고 꿰어 만든 목걸이 등이 있다. 이런 것들은 외형만 바뀌었을 뿐 재질 자체가 바뀐 것은 아니었다. 그러나 도기는 전혀 다르다. 이는 어떤 물질을 전혀 다른 물질로 바꾼 창조적 활동이었으며 인류가 처음으로 자신의 생각에 따라 스스로의 힘으로 자연물(自然物)의 재질을 변형시키기 시작한 최초의 사건이었다. 아쉬운 것은 도기가 어떻게 발명되었고 정확히 언제 탄생하였는가에 대해서 지금까지도 학자들 사이에서 의견이 분분하다는 점이다. 비교적 일반적인 추측은 점토가 붙은 바구니를 우연히 불가에 놔두었는데 점토가 불에 익어 딱딱해져 물이 잘 새지 않게 되는 것을 본 원시인들이 힌트를 얻어 만들게 되었다는 가설이다. 원시인들은 반복적인 실험과 끊임없는 개량을 통해 결국 도기 제작 기술을 발명하였다. 즉 물이 섞인 점토로 형태를 만든 후 이를 말려서 불에 구워 딱딱하고 튼튼하며 물이 잘 스며들지 않는 도기를 만들어 낸 것이다.

채도(彩陶)의 발전

도기를 만들던 초창기에 사람들은 단지 도기의 실용적인 면만 중시하여 장식이나 미학적인 요소에는 주의를 기울일 여력이 없었다. 그래서 단지 몇몇 도기 그릇(陶鉢)의 구연부(口沿部)나 바깥 면에만 붉은색으로 간단하게 큰 무늬를 그린 정도였다.

원시 농업이 발전하며 물질적으로 점차 풍요로워지게 되자 사람들은 도기의 제작에 더욱 세심하게 신경을 쓰게 되었는데 이때의 도기는 실용적인 면 외에도 아름다움에 대한 사람들의 욕구를 만족시키는 미학적인 측면이 드러난다는 것을 볼 수 있다. 원시의 도기 제작 기술은 여기서 일대 도약을 하여 한 단계 더 발전된 채도(彩陶)가 등장하게 된다. 채도는 선사 시대 문물 중에서 실용적인 면과 미학적인

앙소 문화 인두형기구채도병(人頭形器口彩陶瓶). 약 5600년 전. 감숙 태안(秦安) 대지만(大地灣) 출토

면이 결합된 최초의 작품이다.

채도는 지금으로부터 7000~5000년 전 신석기 시대 중후반기에 전성기를 맞이한다. 가장 대표적인 출토 지역은 대부분 황하 유역 상류와 중류의 감숙(甘肅), 섬서(陝西) 지방에 집중되어 있다. 이곳의 채도들은 대부분 당시 사람들이 일상적으로 사용하던 실용적인 그릇으로 대야, 항아리, 병과 음식용으로 쓰인 밥그릇, 사발 등이 있으며 표면에는 여러 채색 문양과 동물들의 형상이 그려져 있다.

선사 시대 사람들이 맨땅에서 거주할 때는 다리 달린 가구가 없어 그릇들을 그냥 땅에 놓고 사용하였다. 이 때문에 채도에 있는 일련의 꽃무늬 장식은 맨땅에 앉은 사람이 잘 볼 수 있는 부분에 그려져 있다. 발(鉢)[1]과 완(碗)[2]은 대부분 주둥이의 바깥쪽 윗부분에 문양이 그려져 있고 그릇 안쪽에서 밑바닥까지 문양이 있는 것도 있다. 배 부분이 둥글게 튀어나온 분(盆)[3]은 주둥이 부근 배 위쪽과 구연부에만 문양이 그려져 있고 배 밑 부분에는 아무것도 없다. 이는 땅바닥에 앉은 사람들에게 잘 보이지 않는 부분이기 때문이었다. 주둥이가 넓은 분은 바깥 부분이 잘 보이지 않기 때문에 안쪽 윗부분에 꽃문양이 그려져 있다. 항아리에는 대개 어깨 부분이나 배 위쪽의 바깥 면에 문양이 그려져 있다. 작은 호로병(葫蘆甁)은 겉면 전체에 채색 문양이 장식되어 있다.

앙소 채도의 장식 문양 — 홍지흑채(紅地黑彩)

중국의 선사 시대 채도 중 가장 대표적인 것은 앙소 문화(仰韶文化) 채도이다. 1921년 중원 지역 모계 씨족 사회 때 발달된 문명을 가졌던 대표적인 원시 촌락 유적이 하남(河南) 민지앙소촌(澠池仰韶村)에서 고고학자들에 의해 발굴되었다. 고고학의 관례대로 이 신석기 시대 문화 유적은 '앙소 문화'라고 명명되었으며 이곳에서는 대량의 정교한 마제석기와 함께 일상용품으로 쓰이던 도기들이 발굴되었다. 이 도기들은 정교하게 제작되었는데 진흙을 물에 깨끗하게 씻어서 사용하였기 때문에 원래의 질감이 매끄럽고 섬세하며 가마에서 구워진 후에는 대개 주황색을 띠게 된다. 재질 면에서 보면 곱고 가는 진흙의 붉은 도기(細泥紅陶)와 모래가 섞인 홍갈색 도기(夾砂紅褐陶)로 구분되며 도기의 문양에는 주로 흑채(黑彩)[4]를 사용하였고 간혹 홍채(紅彩)를 사용하기도 하였다. 일반적으로 도기 본래의 색인 주황을 바탕색으로 하지만 어떤 것은 도기를 만든 후 백색이나 홍색을 표면에 얇게 발라 문양을 넣은 뒤 구웠는데 이렇게 하면 색채가 더욱 뚜렷하게 대비된다.

과학자들은 앙소 문화의 연대를 대략적으로 B.C. 5000년에서 B.C. 3000년까지로 추정한다. 이후에도 전체 중원 지역에서 비슷한 유적과 유물이 계속적으로 발굴되었는데 이들은 서로 비슷한 연대에 속해 있으며 문화적으로도 상당한 공통분모를 가지고 있다. 이 때문에 앙소 문화는 모계 씨족 사회의 중원 문화를 대표하는 대명사가 되었으며 그 분포 지역은 감숙, 섬서, 하남을 중심으로 하북, 내몽고, 산서, 청해와 호북의 일부 지역까지 퍼져 있다.

앙소 문화 저면문세경채도호(猪面紋細頸彩陶壺). 약 B.C. 4500~B.C. 3000년

앙소 채도의 첫 번째 주제 문양 — 물고기, 새, 개구리

1957년 하남성 삼문협시(三門峽市) 묘저구(庙底溝)에서 앙소 문화와, 앙소 문화에서 용산 문화(龍山文化)로 넘어가는 과도기의 유적이 발견되었는데 고고학자들은 이를 '앙소 문화 묘저구유형'이라 이름 붙였다. 과학적인 분석에 따르면 묘저구유형 채도의 연대는 B.C. 3900년 전후로 추정된다. 이 유형의 채도 중에는 동물을 주제로 한 문양을 그린 것이 있는데 각종 형태의 날아다니는 새와 단순화한 새 문양, 그리고 사실적으로 묘사한 개구리 문양(蛙紋) 등이 있다.

대문구 문화(大汶口文化) 채도발(彩陶鉢). 약 B.C. 4500~B.C. 2500년. 강소 비현(邳縣) 출토

묘저구유형보다 약간 앞선 시기의 앙소 문화 반파유형(半坡類型) 채도에는 각종 형태의 물고기와 단순화한 물고기 문양이 특징적으로 보이며 간혹 그물 모양의 도안도 보인다. 또한 뒤뚱거리는 청개구리의 모습도 있는데 헤엄치는 물고기 문양과 함께 도분(陶盆)의 안쪽 면에 그려져 있어 서로 대비된다. 달리는 동물로는 도분 안쪽 면에 그려진 작은 사슴이 있다.

앙소 채도의 두 번째 주제 문양 — 장미꽃

앙소 채도 도안 중에 특히 주목을 끄는 것은 섬서성 화산(華山) 부근에 분포되어 있는 묘저구유형의 채도이다. 이들 채도에는 대부분 여러 방향으로 연결되어 있는 아름다운 무늬가 그려져 있다. 이러한 무늬를 만드는 방법은 먼저 굽지 않은 도기 위에 무늬를 그려 넣을 자리를 정해 원점을 찍어 위치를 표시하고 선이나 활처럼 휘어진 삼각 무늬(弧形三角紋)로 원점들을 서로 연결한다. 이렇게 하면 균형 잡히고 대칭을 이루며 생동감 있는 연속 무늬가 생겨난다. 자세히 보면 이들은 음양문(陰陽紋)이 결합된 기법을 사용하여 장미꽃의 꽃부리, 꽃봉오리, 꽃잎과 가지를 표현한 것이다.

마가요 문화(馬家窯文化) 채도관(彩陶罐). 약 B.C. 3300~B.C. 2900년. 감숙 임조(臨洮) 출토

마가요 문화 채도옹(彩陶瓮). 약 B.C. 3000~B.C. 2000년

앙소 문화는 여러 지역과 서로 다른 시대의 수많은 유형들을 포괄하기 때문에 채도에 장식된 주제 문양도 다양하다. 그러나 장미를 소재로 한 무늬는 거의 모든 유형의 앙소 채도에서 보이는데 이는 모종의 내재적인 연관성을 보여준다.

앙소 채도의 세 번째 주제 문양 — 무술(巫術)과 토템

1954년에 발견된 서안의 반파 유적은 매우 중요한 앙소 문화 유적이다. 이 유적은 B.C. 4800년에서 B.C. 4200년 사이에 존재했던 원시 촌락이 완전한 형태로 남아 있는 곳이다. 반파유형의 채도에는 동물, 인면(人面), 물고기, 사슴 등의 문양이 많이 보이는데 어떤 것들은 원시 종교의 무술(巫術)과 밀접한 관련을 맺고 있다. 예를 들어 어떤 도기 주전자(陶壺)는 양 끝을 추켜올려 뾰족한 뿔처럼 만들고 몸통에는 그물망 문양을 새겨 넣었다. 이는 앞쪽과 뒤쪽이 추켜올라간 모양의 원시적인 통나무 배가 물 위에서 그물을 펼치고 물고기 잡는 것을 본뜬 것으로 수확에 대한 사람들의 기대를 드러낸 것이다. 또한 신비스러운 인면 문양이 그려진 것도 발견되었으나 아직 여기에 내포된 정

좌 담석산 문화(曇石山文化) 채도배(彩陶杯). 약 B.C. 3000~B.C. 2000년. 복건 민후(閩侯) 출토

우 앙소 문화 채도선형호(彩陶船形壺). 약 B.C. 4800~B.C. 4300년. 섬서 보계(寶鷄) 출토

확한 뜻은 밝혀지지 않았다. 둥근 얼굴, 오뚝한 코, 가는 눈에다 머리 위에는 삼각형의 기다란 모자를 쓰고 있으며 입가 좌우 양쪽으로 물고기를 물고 있고 어떤 것은 이마 좌우에 작은 물고기가 한 마리씩 달려 있기도 하다. 몇몇 학자들의 분석에 따르면 이것은 무당이 물고기를 물고 있는 모습으로 물고기가 많이 잡히도록 기도하는 것이라 한다.

앙소 문화 인면함쌍어문채도분(人面含雙魚紋彩陶盆). 약 B.C. 4800~B.C. 4300년. 섬서 서안 반파 유적 출토

천상(天象)을 묘사한 문양도 있는데 이는 원시 농업 생산과 관련된 것으로 선사 시대 사람들이 어떻게 천문학(天文學)을 이해하고 있었는가를 보여준다. 햇살이 사방으로 퍼져나가는 태양과 달의 모습을 사실적인 기법으로 묘사한 것도 있지만 보통 상징적인 기법을 통해 태양과 초승달을 표현하는 것으로 새와 개구리를 대신 그려 넣은 것이 많다. 이는 당시 사람들이 새와 개구리가 각각 태양과 달을 주재하는 정령이라 믿었기 때문이었다. 지금으로부터 약 7000년 전의 채도에서 새와 개구리 문양이 등장하기 시작하였는데 초기 채도에서는 새와 개구리 형상이 매우 사실적으로 표현되었다. 특히 개구리는 움츠러든 목과 큰 배, 얼룩덜룩한 반점이 있는 등, 뒤뚱거리며 움직이는 모습이 묘사되어 매우 흥미롭다. 나중에는 이 새와 개구리의 모습이 상징화되고 신비롭게 표현되는데 이러한 새와 개구리 문양은 그 후로도 약 3000여 년간 채도에 더 등장한다. 후에 태양을 상징하는 새는 금색의 갈까마귀(烏鴉)로 변화되어 가며 달을 상징하는 개구리도 다리가 셋 달린 두꺼비로 변해 간다. 때문에 중국 고대의 시문(詩文)에 등장하는 '금조(金烏)'나 '두꺼비(蟾蜍)'는 대개 태양과 달을 상징한다고 볼 수 있다.

채도에서 보이는 새와 물고기의 형상은 일찍이 씨족의 토템으로 여겨졌을 가능성이 높다. 각각 씨족들의 조상은 서로 다른 토템을 숭

앙소 문화 학어석부도채도항(鶴魚石斧圖彩陶缸). 하남 임여(臨汝) 염촌(閻村) 출토

배하였기 때문에 씨족끼리의 분쟁이나 연맹은 채도 작품에서 다른 동물들끼리의 싸움이나 결합으로 표현될 수 있었다. 하남 임여현(臨汝縣)에서는 죽은 사람을 매장할 때 쓰던 큰 채도 항아리가 출토되었는데 항아리 표면에 특이한 그림이 그려져 있어 이를 〈학어석부도(鶴魚石斧圖)〉라 했다. 이 그림은 높이가 37cm, 폭이 44cm로 현재까지 발견된 도기 문양 중 최대의 크기를 자랑한다. 그림 왼쪽에는 큰 학이 목을 꼿꼿이 들고 서 있는데 큰 눈을 둥그렇게 뜨고 긴 부리로 물고기를 물고 있다. 물고기는 아래로 축 늘어져 있어 발버둥칠 힘조차 없는 듯하다. 학의 오른쪽에는 거칠고 큰 돌도끼가 세워져 있는데 손잡이 부분은 직물이나 끈으로 감싸져 있고 'X'자 표시가 있는데 이는 아마 씨족 지도자의 권위와 힘을 상징하는 듯하다. 이 그림은 색채가 매우 선명한데 큰 학은 흰색으로 칠하였으며 윤곽은 그리지 않고 단지 눈만 검정색으로 그렸으며 매우 생동감 있다. 그리고 학이 물고 있는 물고기와 돌도끼는 검정색으로 윤곽을 그려 강렬한 대비를 이룬다. 이는 선사 시대 예술가들이 이미 서로 다른 필법을 사용하여 그림의 분위기를 살릴 줄 알았다는 것을 보여 준다.

채회도관(彩繪陶罐). 약 B.C. 2000~B.C. 1500년. 내몽고 오한기(敖漢旗) 출토

기타 선사 문화 채도

앙소 문화와 동시대 혹은 약간 시기가 늦은 다른 선사 문화 유적에서도 채도는 항상 발견된다. 예를 들어 동북 지역의 홍산 문화(紅山文化), 산동의 대문구 문화(大汶口文化), 서북 지역의 마가요 문화(馬家窯文化) 그리고 이보다 조금 늦게 출현한 제가 문화(齊家文化), 신점 문화(辛店文化), 남방의 대계 문화(大溪文化)와 굴가령 문화(屈家岭文化), 동남 연해 지역의 담석산 문화(曇石山文化), 심지어 저 멀리 신강(新疆)과 서장(西

藏)의 몇몇 선사 문화 유적에서도 채도가 모두 출토되었다. 중국 대륙 외에도 대만의 선사 문화 유적들, 예를 들어 대북의 대분갱(大坌坑)과 원산(圓山), 고웅(高雄)의 풍비두(風鼻頭) 등의 유적에서도 몇몇 채도가 발굴되었는데 이들은 대만 해협 양안의 여러 원시 씨족 부락들이 서로 밀접한 관계를 맺고 있었다는 것을 보여주는 역사적 증거들이다. 각각의 지역과 각 시대, 서로 다른 문화에서 출현한 채도는 형태나 장식 문양 측면에서 나름대로의 특색을 보여준다.

1| **발**(鉢): 주로 밥을 담는 데에 사용하는 큰 그릇으로 접시의 몸통이 위쪽으로 더 발달한 반원통형의 형태

2| **완**(碗): 중간 크기의 밥그릇

3| **분**(盆): 음식기이자 물도 담을 수 있는 기구로 북 모양의 배가 있으며 밑 부분은 평평하며 비교적 좁다.

4| **흑채**(黑彩): 검은색 문양을 그려 넣은 도기

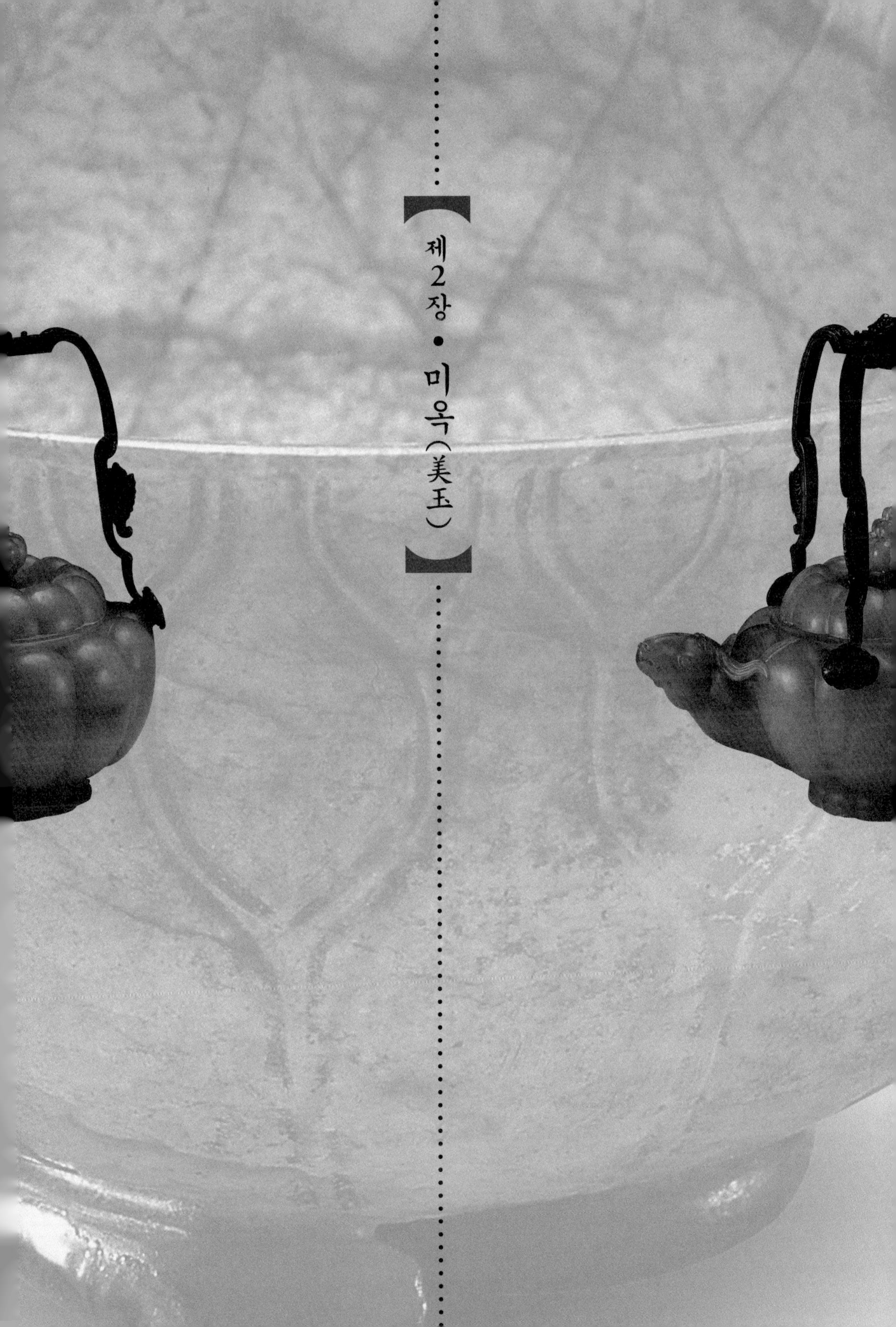

제2장 • 미옥(美玉)

* **美玉**: 채석옥(彩石玉)이라고 도 한다.

옥조(玉雕) 예술은 중국의 고대 예술 전체에서도 백미로 꼽히는 것으로 원시 사회 중후반기에 출현하여 현재까지 5000~7000년의 역사를 갖고 있으며 채도 예술과 거의 동시대에 출현하였다.

아름다운 돌(美石)과 옥

상고 시대 사람들은 석기(石器)를 선택하고 다듬는 과정에서 아름다운 빛깔을 내뿜는 몇몇 돌들을 발견했는데, 이것들은 질감이 매끄럽고 부드러우며 빛깔과 광택이 은은하면서 반짝반짝 빛이 나 고대 중국인들은 이를 '옥(玉)'이라 불렀다.

처음에는 부드럽고 아름다운 빛깔의 광택을 내뿜는 돌은 전부 옥으로 여겨졌다. 후한(後漢) 사람 허신(許愼)이 지은 고대 중국 최초의 한자 자전인 『설문해자(說文解字)』에는 "옥이란 아름다운 돌을 일컫는다(玉, 石之美者)."라고 되어 있다. 사실 엄격하게 말하자면 당시 사람들이 아름다운 돌(美石)이라 부르던 것들은 현재 광물학적인 의미에서의 옥과는 사뭇 다른 것이었다. 광물학에서 옥은 경옥(硬玉)과 연옥(軟玉) 두 가지로 구분된다. 대개 모스 경도가 7인 유리보다 경도가 낮으면 연옥이고 그보다 높으면 경옥으로 구분한다. 경옥은 속칭 '비취(翡翠)'라고도 부르는데 색깔은 청록색, 연두색부터 흰색, 빨간색까지 다양하며 빨간 옥을 '비(翡)'라 하고 녹색 옥을 '취(翠)'라 하며 진주나 유리 같은 광택을 낸다. 연옥은 양탄자 모양의 미세한 결정을 가진 양기석(陽起石)이나 투섬석(透閃石)으로서 유백색, 연두색, 짙은 녹색을 띠며 다듬으면 왁스를 칠한 듯 반들반들한 광택이 난다. 재질이 견고하고 잘 부서지지 않아 조각이나 감상 재료로서는 최상급이다.

홍산 문화 옥저용(玉猪龍). 약 5000년 전. 요녕 건평(建平) 출토

중국 원시 사회에서 매우 폭넓은 의미를 지닌 미옥(美玉)*은 상주(商周)[1] 시대에 이르러 재질이 좀 더 고급스러운 연옥으로 점차 대체되었고 그 후 계속 사용되어 중국 고대 옥기(玉器)의 주재료가 되었다.

청나라의 '가경어용(嘉慶御用)' 청옥호(青玉壺)

옥은 공급이 제한되어 있을 뿐 아니라 가공하는 데 있어서도 상당한 시간과 노력이 필요하였기 때문에 사람들은 예로부터 이를 매우 귀중하게 여겨 옥으로 생산 도구 같은 것을 만들기보다는 정교하게 가공하여 여러 장신구나 특수한 장식품으로 제작하였다. 현재 알려진 가장 오래된 옥기는 지금으로부터 약 7000년 전에 장강 하류의 하모도(河姆渡) 유적 제4층과 섬서 서안반파 유적에서 발견된 피리, 구슬, 귀걸이 등의 장신구들이다.

옥기는 처음 등장할 때부터 돌, 나무, 뼈, 도기 등의 실용적 도구보다 한층 높은 미적 가치를 지니고 있었기 때문에 곧바로 왕권(군사 수령)과 신권(무당)의 신분적 상징으로 사용되었다. 최근 30년 동안 대량으로 출토된 신석기 시대 홍산 문화와 양저(良渚) 문화의 옥기 그리고 상주 시대에서 진한 시대까지 발견된 것들을 보면 옥기가 주로 귀족 묘장의 부장품에서 나왔다는 것을 알 수 있다.

홍산 옥기(紅山玉器) — 동물 조형

중국 동북의 요하(遼河)와 실란물륜강 유역에 분포되어 있는 약 5000년 전의 홍산 문화 옥기는 중국 원시 옥조(玉雕) 제품 중 가장 특색 있는 공예인 동시에 뚜렷한 지역성을 보여주는 작품이다. 그 특징으로는 새와 동물을 위주로 한 사실적이고 상형(象形)적인 동물 조형에서 드러나는데 거북이, 올빼미, 매미, 용 모양의 옥기가 있다. 이들은 크기가 3~4cm이고 몸통에는 서로 묶어 연결하도록 모두 작고 동그란 구멍이 뚫려 있는데 이는 분명 사람이 몸에 패용하던 장식용 옥이었을 것이다.

홍산 문화 'C'자형 대옥룡(大玉龍). 약 5000년 전. 내몽고 옹고트(翁牛特旗) 출토

홍산 문화 옥기 중에 주목할 만한 것이 'C'자형으로 구부러진 큰 옥룡이다. 이는 전체 높이가 26cm에 달하는데 역시 목과 배 부분에 동그란 구멍이 뚫려 있지만 크기가 큰 것을 감안해 볼 때 분명

몸에 패용하는 것은 아닌 듯하다. 홍산 문화와 관련된 것으로 광범위한 지역의 유적에서 출토된 10여 개의 옥기는 비록 크기가 작지만 모양은 위의 것과 매우 흡사한 'C'자형의 용 모양을 하고 있는데 이로 미루어볼 때 위의 큰 옥룡은 아마도 현지의 원시 씨족 부락이 섬기던 어떤 신령의 상징이었을 것이다. 사람들은 특별한 경우(제사를 올리거나 할 때)에 특정한 곳에 이 옥기를 걸어 놓고 거기에 대고 기도하거나 절을 하였을 것이다. 만약 이 추측이 틀리지 않다면 홍산 문화의 이 옥룡은 원시 옥기가 이미 장식의 기능을 벗어나 예기(禮器)의 용도로 쓰이기 시작했음을 알려준다.

상 홍산 문화 옥구각(玉龜殼). 약 5000년 전. 요녕 건평 출토

중 양저 문화 옥관형기(玉冠形器). 약 B.C. 2000~B.C. 1500년. 절강 여항(余杭) 출토

하 양저 문화 삼차형기(三叉形器). 약 B.C. 2000~B.C. 1500년. 절강 여항 출토

양저 옥기(良渚玉器) — 반듯한 예기(禮器)

1900년대 초에 중국에 온 서구 탐험가와 상인들은 상해에서 모양이 독특하고 기괴한 장식이 새겨진 옛 옥기들을 사들였다. 그중에는 안쪽이 둥글고 바깥쪽은 네모나며 중심부에 기둥형의 구멍이 거칠게 뚫려 있는 옥기가 있었는데 옥기 표면에는 사람 같기도 하고 동물 같기도 한 신기한 도안이 새겨져 있었다. 이것이 바로 양저 문화 옥기의 전형적인 예기인 신인수면문옥종(神人獸面紋玉琮)이다. 그러나 당시에는 파는 사람이나 사는 사람이나 모두 이러한 옥기가 어디에서 나왔는지 그리고 언제 만들어진 것인지 전혀 알지 못했다. 20~30년이 지난 후 절강(浙江) 항주(杭州) 부근의 여항현(余杭縣)에서 발견된 양저 문화 유적에서 이러한 종류의 기물이 출토되자 사람들은 비로소 국외로 유출된 이러한 옥기가 이 지역과 관련이 있다는 것을 알게 되었으나 이 옥기들의 명확한 시대는 알 방법이 없었다. 1980년

양저 문화 옥종(玉琮). '종왕(琮王)'이라는 칭호가 붙었다. 약 B.C. 3300~B.C. 2200년. 절강 여항 출토

대 초에 남경 박물관의 고고학 대원들이 강소(江蘇) 오현(吳縣) 초혁산(草鞋山)과 장릉산(張陵山) 유적을 발굴하면서 강소, 절강 등지에서 출토된 종(琮)[2], 벽(璧)[3], 월(鉞)[4] 등의 옥기는 모두 3500~4000년 전 신석기 말기의 양저 문화의 유물이라는 것을 처음으로 고고학적 실증을 통해 밝혀냈다.

양저 옥기의 주요 분포지는 장강 중하류의 강소, 절강, 안휘 등의 지역이다. 이 옥기들이 제작되었던 시기에 이 지역들에서는 이미 빈부 격차가 심한 계급 사회가 출현하였고 몇몇 소수의 사람들이 대다수 사람들을 부리고 다스리기 위해 무력뿐 아니라 신령과 무술(巫術)의 힘을 절대적으로 빌리던 시기였다. 우리가 보는 양저문화 옥기는 대부분 그들이 힘을 빌리기 위해 모종의 상징적인 의미를 부여한 특수한 용품이었기 때문에 예옥(禮玉)의 범주에 속한다. 이러한 예옥에는 홍산 문화 옥기에서 보이는 그러한 생동감 넘치는 동물 모양은 보이지 않고 대부분 원시 무술이나 신령 숭배와 관련된 종, 벽, 관상기(冠狀器), 삼차형기(三叉形器), 반원형기(半圓形器) 등이 보인다. 이 옥기들은 대부분 질서 있게 대칭을 이루고 안정감 있는 기하학적 형태로 되어 있다. 양저 옥기 중 수량이 가장 많고, 형체가 제일 크며 중요하게 사용되었던 옥종(玉琮)은 기본적으로 바깥쪽이 네모나고 안쪽은 원형이며 중간에는 둥근 기둥 형태의 구멍이 뚫려 있다. 바깥 면이 원형에서 모서리 부분의 사각형으로 바뀌는 것 말고는 특별한 변화는 보이지 않는다.

양저 옥기 — 신인수면(神人獸面) 문양

일찍이 사람들은 양저 옥기 특히 예기의 표면에 예외 없이 동물의 눈, 코, 입 등의 오관이 있는 동물 얼굴 문양이 새겨진 것을 발견하였다. 1986년 절강 반산(反山) 양저 문화 묘지에서 출토된 큰 옥종은 많은 관심을 받았다. 이 옥종은 높이 8.8cm, 직경 17.6cm, 무게 6.5kg으로 '종왕(琮王)'이라 하는데, 표면에는 여러 개의 동물 얼굴이 새겨져 있고 그 문양은 전례가 없을 정도로 복잡하였다. 각 모서리에 새겨진 동물 얼굴은 상하 두 부분으로 구성되어 있는데 윗부분은 엎어진 사다리꼴의 사람 얼굴로 둥근 고리 모양의 눈, 납작한 코, 넓은 얼굴을 하고 있으며 머리에는 부채처럼 펴진 깃털 모자를 쓰고 있다. 얼굴 아랫부분의 양팔은 살짝 아래로 벌렸으며 두 손은 아래쪽의 동물의 눈을 받쳐주고 있다. 아랫부분에는 큰 동물의 얼굴이 새겨져 있는데 둥근 고리가 겹쳐진 모양의 눈을 하고 있고 두 눈은 작은 다리 같은 것으로 서로 연결되어 있으며 넓은 코와 평평한 입술을 가지고 있다. 그중 사람의 머리 부분과 동물의 얼굴 부분에는 모두 감저양각(減底陽刻)* 기법이 적용되어 표면에서 돌출되어 있으며 사람의 양팔과 동물의 몸은 세밀한 음각(陰刻) 선으로 장식되어 있다. 이 문양은 일반적으로 막대한 힘을 가진 신인(神人)이 흉포한 괴수를 항복시키는 의미를 나타내는 것으로 알려져 있어 '신인수면(神人獸面)' 문양이라고도 한다. 이 종왕 각 면에는 아래위로 두 개씩의 신인수면 문양이 새겨져 있어 사면을 합쳐 총 8개가 있다. 또한 네 모서리를 중심으로 좌우에 아래위로 8개의 단순화된 신인수면 도안이 더 있다. 전체 16개의 도안은 상하좌우로 대칭이며 뛰어난 장식미를 선보인다.

반산 묘지(反山墓地)에서 출토된 옥기들에는 복잡하든 간단하든 대부분 신인수면과 같은 종류의 도안이 새겨져 있다. 특히 군사 통수권을 상징하는 옥도끼에도 윗부분에 이 같은 도안이 있다. 학자들은 이에 근거하여 이러한 특정 도안은 바로 당시 양저인들이 숭배하였던 신성한 '표식'이며 기존의 양저 옥기에서 보이는 수면문(獸面紋)은 분명 이 표식이 단순화되거나 변형된 것이라고 판단한다.

* **減底陽刻**: 문양 주변을 파내어 자면이나 그림을 튀어나오게 하고 다시 이 부분에 산각을 하는 조각법

용산 문화(龍山文化) 옥관식(玉冠飾). 약 B.C. 2500~B.C. 2000년. 산동 임구 출토

상나라 왕비묘(王妃墓)의 옥조(玉雕)

양저 옥기와 비교해 보면 상주 시기의 옥조(玉雕) 기술은 큰 발전을 이루었는데 그 정교함은 은허 부호묘(婦好墓)에서 출토된 대량의 유물 속에서 엿볼 수 있다.

부호는 상왕(商王) 무정(武丁)의 왕비로, 1976년에 그녀의 묘가 하남 안양(安陽) 은허(殷墟) 유적 서남쪽에서 우연히 발견되었는데 총 1,600여 점의 문물이 출토되었으며 그중 옥기는 755점에 달한다. 이 중에서 동물을 본뜬 수많은 옥조 작품은 매우 생동감이 넘치며 공예의 수준도 매우 뛰어나다. 예를 들어 갈색의 털을 가진 두 마리의 산토끼는 두 눈을 동그랗게 뜨고 있으며 긴 귀가 뒤로 젖혀져 있는데 짧은 꼬리는 위로 뻗쳐 있고 몸을 웅크리고 있어 금방이라도 뛰쳐나갈 듯하다. 이 밖에도 큰 입과 날카로운 이빨을 가진 호랑이, 화려한 볏과 날개를 자랑하는 봉황과 새, 코를 번쩍 치켜든 작은 코끼리, 부리를 꼿꼿이 세우고 당당하게 서 있는 올빼미, 무릎을 웅크리고 있는 작은 곰, 영민하고 귀여운 원숭이 등이 있다. 새와 동물 외에도 물고기와 곤충, 그리고 신화 속의 동물까지 합쳐 총 20여 종이 있는데 원숭이, 토끼, 말, 소, 양, 학, 매, 거위, 가마우지, 앵무새, 물고기, 개구리, 거북이, 나비, 사마귀, 용, 봉황과 괴조(怪鳥) 등이 있다. 그중 6, 7점의 작은 옥룡은 동물의 머리와 뱀의 몸통을 하고 있는데 목과 등에는 긴 갈기가 나부끼며 모두 안쪽으로 굽은 환형(環形)으로 'C'자형이다. 이는 선사 시대 홍산 문화의 'C'자형 옥룡과 형태나 함의(含意)상에서 연속성을 갖지 않나 생각된다.

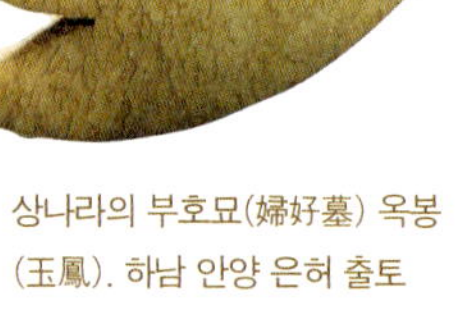
상나라의 부호묘(婦好墓) 옥봉(玉鳳). 하남 안양 은허 출토

부호묘에서 출토된 옥기 중에는 앵무새만 20종이 넘는데 모두 평면 부조로 되어 있고 높은 볏과 긴 꼬리, 굽은 부리 등의 특징이 강조되어 형태가 선명하며 정취가 넘친다. 대미쌍앵무(對尾雙鸚鵡)의 예를 들어보면 두 마리 앵무새가 각자 반대 방향을 보고 있는데 꼬리 부분

이 서로 연결되어 있어 균등한 대칭 구도를 보여준다. 오른쪽 새의 부리부터 시작하여 가슴, 발, 꼬리가 왼쪽 새의 꼬리, 발, 가슴 그리고 부리까지 이어져 반원형의 윤곽선을 그려내어 안정감과 연속성을 보여준다. 볏과 깃털은 높게 솟아 있고 날개는 오목한 선을 갖고 있어 풍부한 변화를 주었는데 이는 안정감 속에 생동감을 불어넣은 것으로 감상적 가치 또한 뛰어나다. 옥앵무새의 긴 꼬리 끝은 날카롭고 비스듬한 칼날처럼 다듬어져 있는데 이는 칼의 용도로 쓰일 수도 있어 관상의 목적뿐 아니라 실용적인 기능도 갖추었다.

어마어마한 가치를 지닌 옥벽(玉璧)

옥벽이란 납작한 원형 몸통을 한 것으로 중간에 둥근 구멍이 뚫려 있는 예기를 말한다. 상고 시대 옥기 중에서 벽과 환은 그 형태가 매우 비슷하였는데 단지 옥환(玉環)에 뚫려 있는 구멍이 옥벽보다 훨씬 크다는 차이만 있었다.

주(周)[5] 나라에 이르러 옥벽의 지위는 이미 옥종을 넘어 예옥 중 으뜸이 되었다. 최상급 품질의 옥벽은 값어치가 매우 비싼 것으로서 심지어 몇 개의 성(城)과도 맞바꿀 수 있을 정도였다.

사마천(司馬遷)의 『사기(史記)』에 따르면 전국(戰國)[6] 시대에 조(趙)나라가 희대의 보옥(寶玉)인 '화씨벽(和氏璧)'을 얻게 되었는데 진시황이 이를 듣고서는 15개의 성지(城池)를 이 옥벽과 맞바꾸자고 제의했다. 조왕은 진왕이 거짓말을 할까 두려워 이를 보내고 싶지 않았으나 한편으로는 진나라가 침략하지 않을까 두렵기도 하였다. 이에 인상여(藺相如)가 옥벽을 가지고 진나라에 사신으로 가기를 청하였다. 그는 진왕에게 화씨벽을 헌상하였으나 진왕이 성지를 내줄 뜻이 없음을 간파하고는 옥벽에 작은 반점이 있다며 이를 진왕에게 보여주고는 다시 회수하며 말하기를 "화씨벽은 천하에 널리 알려진 보기(寶器)

입니다. 대왕께서 진심으로 교환하지 않으신다면 저는 이 옥벽을 가지고 돌아가겠습니다. 만약 대왕께서 계속 협박을 하신다면 저는 옥벽을 깨고 이 자리에서 같이 죽겠습니다."라고 하였다. 그러자 진시황은 그 자리에서 지도를 펼치고 15개의 성지를 지목하였다. 그러나 이것도 거짓임을 간파한 인상여는 진왕에게 반드시 5일 동안 재계하고 조정에서 성대한 의식을 치러야만 옥벽을 헌상할 수 있다고 요구하였다. 숙소로 돌아온 인상여는 부하에게 화씨벽을 몸에 숨겨 조나라로 돌아가도록 꾀를 내어 비로소 스스로 약속한 "옥벽을 상하게 하지 않고 조나라로 돌아오겠다(完璧歸趙)."라고 한 말을 지킬 수 있었다.

귀족 묘장 속의 염옥(斂玉)

B.C. 1046년 주무왕은 군대를 끌고 상나라를 정벌하여 상나라의 수도로 진격하였다. 포악무도한 상나라의 주왕은 궁지에 몰리자 "수옥을 몸에 걸치고 불에 뛰어들어 스스로 자결하였다(蒙衣其殊玉, 自燔于火而死(『사기(史記)·주본기(周本紀)』))." 즉 여러 개의 옥을 연결하고 꿰어 만든 것을 몸에 걸치고 스스로 분신한 것이다.

아주 오래전부터 옛사람들은 정교하고 아름다운 옥석에 방부 효과가 있다고 믿었기 때문에 수많은 옥예기가 죽은 사람의 부장품으로 묻혔으며 시신만을 수습하는 데 쓰이는 옥의(玉衣), 옥장갑과 구규기(九窍器)[7]가 등장하였다. 양저 문화 묘장 중에는 대량의 옥기를 서로 연결하고 꿰어 패용하거나 시신을 덮은 사례를 볼 수 있는데 이를 '옥염장(玉斂葬)'이라 한다. 1990년 하남성(河南省) 삼문협시(三門峽市) 괵국묘(虢國墓)에서 발견된 묘주의 관은 100여 개의 옥기로 덮여 있었으며 관 안의 시신은 머리부터 발끝까지 옥 조각으로 덮여 있는 '인형옥조식(人形玉組飾)'으로 장식되어 있었고 특히 머리를 덮고 있는 옥으로 짠 마스크(綴玉面罩)는 사람들의 이목을 끌었다. 이 옥편들에는 모두 작은 구멍이 나 있는데 옥편 아래 옷을 덧대어 꿰맸다고 추측할 수 있다. 이렇게 옥 마스크가 포함된 인형옥조식과 상나라 주왕이 몸에 걸쳤다는 수옥(殊玉)은 모두 옥의의 초기 형태였다.

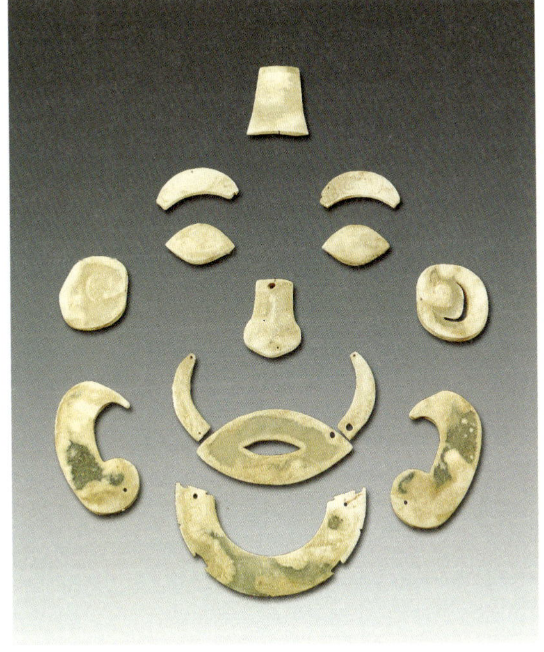

서주의 옥복면(玉覆面). 하남 삼문협(三門峽) 괵국묘(虢國墓) 출토

한대에 들어와서 시신을 덮는 데 쓰이는 옥의는 상당히 정교하게 제작되었다. 현재 발굴된 한대 제후묘 중에서는 금사(金絲), 은사(銀絲), 동사(銅絲)나 심지어 실을 이용하여 꿰매어 만든 갑옷 같은 옥의*도 출토되었다. 현재 발굴되어 출토된 옥의는 20여 벌에 달한다. 옥의의 생김새는 사람의 형태를 본떴는데 머리 부분, 상의, 바지, 장갑과 신발의 다섯 부분으로 나누어져 있고 전부 매끄럽게 다듬어진 작은 옥 조각을 맞붙이거나 꿰매어 만들었다. 1968년 하북 만성에서 출토된 전한(前漢) 중산정왕(中山靖王) 유승(劉勝)의 묘에서 출토된 묘주 유승이 입고 있던 옥의는 총 2,498개의 옥편(玉片)을 금사(金絲)로 이어 만들었으며 사용된 금사만도 약 1,100g 정도이다. 아내의 시신도 옥의를 입고 있을 뿐 아니라 관의 안팎을 대량의 옥판(玉版)과 옥벽으로 장식하였는데 관 안쪽에 끼워 넣은 옥편만도 192개에 달한다.

옥기의 번성

한(漢)[8] 나라 때부터 실크로드가 개척되고 교역이 점점 활발해지면서 신강(新疆) 화전(和田)에서 생산된 대량의 미옥이 중원으로 들어왔다. 옥의 공급이 점점 늘어가면서 옥 제품은 더 이상 귀족들만의 전

* 옛사람들은 '옥갑(玉匣)'이라 불렀다.

명나라의 하엽옥완(荷叶玉碗)

* **羊脂玉**: 양의 기름 덩어리 같은 빛깔에 윤택 있는 백옥

유물이 아니라 위로는 황실에서 아래로는 사신(士紳)과 상인들까지 자신의 지위나 부를 드러내는 장식품이 되었다.

이때부터 마노(瑪瑙)와 여러 색깔의 잡옥, 청옥(青玉), 청백옥(青白玉)과 양지옥(羊脂玉)*, 그리고 상품(上品)의 비취 조각 제품은 중국 고대 상류 사회에서 큰 수요를 형성하는 산업이 되었으며 당송(唐宋)과 명청 시대에 이르러 크게 발전했다. 노예 사회에서 계급 제도의 표현 양식 중 하나였던 옥제 예기(玉制禮器)는 점점 사람들의 기억에서 잊혀 졌고 고급 장식품이자 진열품으로서의 옥기가 중국인들의 심미적 취향에 부합하여 절대적인 위치를 차지하게 되었다.

1| **상주**(商周, B.C. 16세기~B.C. 3세기): 상나라와 주나라를 합쳐 부르는 말

2| **종**(琮): 안은 속이 빈 원통 또는 원뿔대 모양이고 바깥은 직사각형 몸통의 옥기로 땅을 상징

3| **벽**(璧): 푸른색의 납작한 옥기로 하늘을 상징

4| **월**(鉞): 날이 넓은 도끼

5| **주**(周, B.C. 약 11세기~B.C. 3세기): 상(商)나라의 뒤를 잇는 왕조로, 이전의 하(夏), 상(商)과 더불어 삼대(三代)라 한다. 견융(犬戎)이 침략하여 B.C. 771년 유왕(幽王) 때 서안(西安)에서 낙양(洛陽)으로 수도를 옮기게 되는데, 이를 기준으로 이전을 서주(西周), 이후를 동주(東周)라 한다.

6| **전국**(戰國, B.C. 475~B.C. 221): 한(韓), 위(魏), 조(趙) 3씨가 제후로 독립한 이후부터 진(秦)나라가 중국을 통일한 B.C. 221년까지의 동란기를 말한다. '전국칠웅(戰國七雄)'이라는 7개의 제후국이 패권을 다투는 한편, 제자백가가 활약하여 학문의 꽃을 피웠다. 전국이라는 명칭은 한(漢)나라 유향(劉向)이 지은 『전국책(戰國策)』에서 유래되었다.

7| **구규기**(九竅器): 인체의 입, 코, 눈, 귀 등의 구멍을 덮고 가리는 데 쓰인다.

8| **한**(漢, B.C. 206~A.D. 220): 진(秦)의 뒤를 잇는 중국의 통일 왕조. 초대 황제는 고조(高祖) 유방(劉邦)이며 장안(長安)을 수도로 번영하였다. 왕망(王莽)이 세운 신(新, 8~22)나라로 인해 잠시 단절되어, 그 이전에 장안을 수도로 하였던 한을 전한(前漢), 낙양(洛陽)에 재건된 한을 후한(後漢)이라고 한다.

제3장 • 청동기(青銅器)

* **赤銅**: 적동광에서 나는 구리

청동은 인류가 최초로 발명한 합금으로 적동(赤銅)*보다 훨씬 단단할 뿐 아니라 주조나 단조에도 매우 용이하다. 원시 사회 말기에 등장하여 상주 시대에 성숙기를 맞이했던 청동기는 중국 고대에 예제(禮制)의 성격을 가장 많이 띠던 문물이었다. 진한 이전의 청동기로는 대체로 국가와 종실의 큰 행사 때 쓰이던 예기, 일반적인 일용 그릇, 부장품으로 쓰인 명기(明器)로 구분할 수 있다. 왕공 귀족의 사후에 부장품으로 쓰이던 명기를 제외한 기타 청동기는 기능에 따라 병기, 악기, 취사도구, 식기, 주기(酒器), 컵과 차마(車馬)의 장식품 등으로 나뉜다.

도(刀)[1], 부(斧)[2], 월, 과(戈)[3] 등의 병기는 당시 청동기의 주류였다. 편종(編鐘), 박(鎛) 등은 대표적인 청동 악기로 예기의 범주에 들어가며 대부분 정교하고 아름답게 만들어졌다. 정(鼎)[4], 력(鬲)[5] 등은 원시 취사도구에서 발전한 용구로 음식을 찌거나 삶는 데 쓰였으며 나중에는 귀족, 제후와 천자가 제사를 지내거나 연회를 열 때 소, 양, 돼지나 가축을 통째로 얹어놓는 대형 예기가 되었다. 이러한 예기는 사용에 대한 규정이 엄격하였는데 천자의 예식(禮式)에는 구정팔궤(九鼎八簋)[6]를, 왕공(王公)은 칠정육궤(七鼎六簋), 오정사궤(五鼎四簋)를 사용하는 등 작위의 등급에 따라 차별이 있었으며 크기나 무게 등에도 엄격한 등급 제한이 있었다. 청동 주기는 종류가 가장 다양한데 술을 좋아하는 은상(殷商) 사람들과 관련이 있는 듯하다. 최초로 등장한 주기는 작(爵)[7]과 고(觚)[8]를 중심으로 한 일련의 기물(器物)들로 치(觶)[9], 존(尊)[10], 유(卣)[11], 호(壺)[12], 굉(觥)[13], 뇌(罍), 화(盉), 부(瓿)와 방이(方彝)[14] 등이 있으며 존과 유에는 대개 조수(鳥獸) 등 동물의 형상이 주조되어 있다.

상나라의 술을 담는 그릇인 청동작(青銅爵)

청동 공예

현재까지 알려진 중국 최초의 청동기는 감숙성(甘肅省) 동향현(東鄉

전국 시대의 동존반(銅尊盤). 존(尊)은 술을 담는 주기이며 반(盤)은 물을 담는 용기인데 출토 시에 존이 반 속에 놓여 있었다. 호북 수현(隨縣) 증후을묘(曾侯乙墓) 출토

縣) 임가(林家)에서 발견된 작은 동도(銅刀)와 영등현(永登縣) 장가평(蔣家坪)에서 발견된 작은 동도 파편으로, 만들어진 시기는 B.C. 3000년에서 B.C. 2300년 사이로 추정된다. 황동 잔편(黃銅殘片)으로는 임동(臨潼) 강채(姜寨)의 앙소 문화 유적에서 발견된 것이 있는데 B.C. 약 4700년의 것이다. 좀 더 늦게 출현한 용산 문화 시기에 중국은 청동기와 석기의 병용 시대로 진입하였고 이때의 사람들은 이미 청동 용기를 제작할 수 있었다.

청동은 구리(적동)와 주석, 납의 합금으로 적동보다 용해점은 낮고 경도는 높다. 주석을 10% 함유한 청동의 경도는 적동의 4.7배이다. 용화된 청동은 식으면서 굳을 때 크기가 약간 커지기 때문에 청동 주조물은 전충성(填充性)*이 좋고 기공(氣孔)이 적어 비교적 뛰어난 수조 성능을 갖고 있다.

청동기의 제작은 광석 채취, 야련(冶煉)**, 주조, 수정(修整) 등 몇 단계로 나누어진다. 쇳물을 붓기 전에는 먼저 기물의 형태와 윤곽에 맞추어 거푸집인 주형(鑄型)을 만들어야 한다. 초기에는 간단한 거푸집을 사용하였는데 좀 더 복잡한 것은 아래위 두 개의 거푸집을 한데

* **填充性**: 물체가 공간을 점유하는 성질

** **冶煉**: 순금속을 얻기 위해 광석으로부터 분리, 유출하여 얻은 금속을 정련하여 적합한 성질, 형태로 바꾸는 것

합쳐서 주조하였고 입체적인 조형을 만들 수 있었다. 어느 정도 크기가 있는 입체적인 기물을 만들려면 여러 개의 거푸집을 이용하고 속에도 틀을 설치해야 하는데 이는 더욱 정교한 기술을 요하는 것이다. 청동기의 문양과 장식을 만들 때는 먼저 특수한 흙으로 만든 모형에 문양을 새긴 후 바깥 틀을 떠서 거푸집을 만들고 여기에 다시 청동을 주조한다.

위에서 말한 청동기 주조 공예 기술의 변천 과정을 보면 단범(單範)*에서 합범(合範)**으로, 그리고 여러 개의 합범으로 발전하였음을 알 수 있다. 청동 용기를 만들려면 반드시 여러 개의 합범을 사용하는 기술을 알아야 하기 때문에 청동 용기의 출현은 청동 주조 기술이 성숙 단계로 들어섰음을 알려준다.

* **單範**: 한 면에만 모양을 새기고 다른 쪽은 그대로 편평하게 한 거푸집

** **合範**: 양쪽의 거푸집이 같은 형태를 가지고 있어 서로 합하여 사용하는 것

서주의 '여부을(旅父乙)' 동고(銅觚). 고(觚)는 일종의 주기로 예기에 속하며 연회나 제사 때만 사용할 수 있었다. 섬서 부풍(扶風) 출토

하정(夏鼎)의 전설

B.C. 219년 진시황은 수천 명의 사람을 안휘 팽성(彭城) 부근의 사수(泗水)로 파견하여 그 속에 빠졌다고 전하는 9개의 큰 청동 솥(銅鼎)을 건져오도록 하였다. 전설에 따르면 이 청동 솥은 중국의 첫 번째 왕조인 하나라에서 B.C. 2200년에 주조한 것으로 하, 상, 주 3대에 걸쳐 대대로 전해 내려왔다고 한다.

중국 고사성어 중에는 '문정중원(問鼎中原)'이라는 말이 있는데 이는 선공(宣公) 3년(B.C. 606)에 쓰인 『좌전(左傳)』에 기록된 고사로서 춘추(春秋)[15] 시대에 초왕이 군사를 이끌고 육혼(陸渾)의 융(戎)을 정벌하러 가다 동주의 변경에서 무력 시위한 것을 말한다. 주왕은 왕손 만(滿)을 사자로 파견하여 초왕을 달래었으나 초왕은 다짜고짜 9개의 전국 대정(傳國大鼎)의 무게를 물었다. 정(鼎)은 당시 국가 권력의 상징이었기 때문에 후에 정권을 노려 천하를 찬탈하려는 사람을 일컬어 '문정지심(問鼎之心)'이 있다고 한다. 동주가 멸망한 후 구정은 진시황

에 의해 진나라로 옮겨지던 도중 사수에 가라앉고 말았다. 진시황은 엄청난 공을 들여 구정을 찾으려 했으나 결국 헛수고였다. 이후 전설적 색채가 농후한 하정(夏鼎)은 다시는 사람들 앞에 그 모습을 드러내지 않았고 단지 한대 화상석과 화상전에 '사수에서 솥을 건지다(泗水撈鼎)'라는 고사만 보일 뿐이다.

상나라의 전기 수면유정문방정(獸面乳釘紋方鼎). 정(鼎)은 음식물을 담는 용기로 제사와 연회 등에 쓰이는 가장 중요한 예기이다. 하남 정주 출토

청동 예기(青銅禮器)

상(商)[16] 나라 때 정(鼎)은 청동 예기를 대표하는 중요한 기물이 되었다. 하나라 이후에 주조된 몇몇 거대한 청동 정은 20세기 들어 몇몇 개가 출토되었는데 그중 가장 크고 무거운 것이 사모무방정(司母戊方鼎)으로 현재 중국 역사 박물관에 보관되어 있다. 이는 높이 133cm, 무게 875kg으로 사각형이며 위로 솟은 2개의 큰 귀가 달려 있고 아래에는 거칠고 육중한 원주(圓柱)형의 다리가 4개 있다. 배 부분에는 수면문과 기문(夔紋)이 새겨져 있고 그 사이에는 무늬가 없고 매끄러운 광택이 나는데 전체적으로 두텁고 육중한 느낌을 준다. 위로 솟은 귀의 윤곽 부분에는 눈을 크게 뜨고 입을 벌리고 있는 사람의 머리를 사나운 호랑이가 입에 물고 있는 문양이 있는데 흉포하게 생겼으나 신비한 느낌도 준다. 정의 안쪽에는 '사모무(司母戊)'라는 명문이 새겨져 있는데 고증에 따르면 이는 상왕 문정(文丁)이 어머니인 무(戊)에게 제사를 드리기 위해 만든 것으로 파악된다. '모무(母戊)'란 바로 그의 어머니의 묘호(廟號)*이다.

이 밖에 최근에도 하남 등지에서 상대에 제작된 청동 방정(青銅方

* **廟號**: 이는 제왕이 사망한 친속들에게 하사하는 일종의 존칭

서주의 '장(墻)' 동반(銅盤). 쟁반의 안쪽 바닥에는 284자의 명문이 새겨져 있다. 섬서 부풍 출토

鼎)이 연이어 출토되었는데 그중 가장 주목을 끄는 것이 정주(鄭州) 상성(商城)의 서쪽 벽 바깥인 두령(杜岭)에서 발견된 것으로 큰 것이 높이 100cm 무게 86.4kg 정도로 사모무 정보다는 작지만 이보다는 훨씬 이전에 만들어진 것이다. 형태는 방두형(方斗形)*이며 안이 깊고 다리가 짧아 사모무 방정의 장방형보다 훨씬 이전 시대의 특징을 보여준다. 이것들도 마찬가지로 상왕실에서 제사를 올릴 때 사용되던 예기이다.

청동 정 외의 다른 수많은 청동 용기 역시 상대의 중요한 예기인데 그중 가장 대표적인 것은 황실과 귀족들이 연회나 제사 등 중요한 행사를 치를 때 제물이나 음식, 술을 담던 용기이다. 이들은 대부분 정교하게 제작되었고 장식이 화려한데 이로써 상 왕실과 귀족이 얼마나 제사를 중요시했는지 알 수 있으며 청동 예술의 백미라고 할 수 있다.

청동기의 장식 문양 — 흉포한 동물 얼굴(獸面紋)

상대 청동 예기의 장식 문양 중 가장 돋보이는 것이 수면문이다. 그 특징은 동물의 얼굴을 정면에서 표현한 것으로 오뚝 솟은 콧대를

* **方斗形**: 높은 직사각형 형태

중심으로 대칭을 이루는 구도이다. 좌우로 두 개의 뿔, 눈썹, 눈이 있고 콧날 아래 콧방울은 둥글고 입을 크게 벌리고 있다. 어떤 것은 양쪽에 날카로운 발톱이 있는데 그 형태가 세밀하고 작아 얼굴을 더욱 크게 돋보이게 하며 무서운 느낌을 준다. 몇몇 수면문은 얼굴 양쪽에 모두 몸과 다리, 발톱, 꼬리가 달려 있어 마치 두 개의 몸에 하나의 머리를 가진 듯 보인다. 그러나 사실 이는 옛사람들이 평면 위에 동물을 어떻게 표현할까 고민한 끝에 몸을 둘로 나누어 양쪽에 각각 반씩 그린 것으로 서로 합쳐보면 완전한 몸이 된다.

북송 시대에 출판된 금석학 관련 서적에는 수면문을 일컬어 전설에 나오는 '도철(饕餮)', 즉 머리만 있고 몸은 없는 탐욕스러운 식인 괴물이라고 설명하고 있으나 이것은 정확한 설명이 아니다. 왜냐하면 이러한 문양들이 전부 머리만 있고 몸이 없는 것은 아니고 초기 작품에는 몸이 명확히 표현되어 있기 때문이다. 또한 두 개의 뿔은 보통 양이나 소의 뿔이다. 결론적으로 이러한 문양은 자연계에서 볼 수 없는 괴수(怪獸)로서 무서운 얼굴은 사람들에게 위압적인 신비감과 공포를 느끼게 해준다. 이것을 청동기의 주제 문양으로 삼은 이유는 예기에 신비함과 경외감을 심어주고 예기를 소유한 사람의 막강한 권위를 나타내기 위한 것이었다. 아마도 상왕과 귀족들이 원하던 예술적 효과로서 수면문이 점점 유행하게 된 원인이었을 것이다. 수면문 외에도 기(夔), 용, 매미, 새, 지렁이(蚕), 거북이 등의 문양도 상대 청동기에 자주 사용되었다.

청동기 명문

각종 문양 외에도 대부분의 청동기에는 문자가 새겨져 있다. 초창기 청동기의 명문은 몇 글자에 불과했고 내용도 대부분 기물의 주인이나 조상의 이름으로 소유자를 명시한 것이었다. 상대 말기와 서주

좌 서주 중기의 동호(銅壺). 몸통에 12행 60자의 명문이 있다. 섬서 부풍 출토

우 전한의 조전문동호(鳥篆文銅壺). 겉면에는 고대의 미술 문자인 조전문(鳥篆文)과 동물 문양이 금은사(金銀絲)로 입사되어 있다. 하북 만성(滿城) 중산정왕(中山靖王) 유승묘(劉胜墓) 출토

시대로 오면서 명문은 점점 길어지기 시작하여 몇십 자에서 몇백 자까지 늘어났고 심지어 500자짜리도 있는데 이는 아예 한 편의 문장을 통째로 새겨 넣은 것이다. 이러한 명문 속에는 명확한 연대와 사건들이 기록되어 있는데 대부분 점복(占卜)이나 전쟁의 과정이 기록되어 당시의 역사를 연구하는 데 있어 중요한 문헌 자료가 된다. 1976년 섬서 임동(臨潼)에서 출토된 이궤(利簋)에는 안쪽 바닥에 4행 32자의 명문이 새겨져 있는데, 주나라의 무왕(武王)이 상나라 주왕(紂王)을 정벌할 때 갑자(甲子)일 아침에 상나라를 공격하였고 신미(辛未)일에 청동을 사리(司利)에게 상으로 하사하여 사리가 이 청동으로 보기(寶器)인 궤(簋)를 주조하였다는 내용이다. 이를 고대 문헌과 대조해 보면 『상서(尚書)·목서(牧誓)』, 『사기·주본기』에는 모두 무왕이 상나라를 정벌한 결전의 날이 '갑자일 아침(甲子朝)'으로 명확히 나와 있어 이궤(利簋)의 명문과 일치한다.

동물 모습의 청동기

상대 청동기 중 허구의 동물 모양을 본떠 만든 기물들은 환상적이면서 기이한 모습이다. 은허 부호묘에서 출토된 사족청동굉(四足青銅觥)은 특이한 형태를 한 괴수로서 머리는 말과 비슷한 데다 양처럼 둥근 뿔이 나 있다. 앞발은 길고 동물 같은 굽이 있는데 뒷다리는 짧으면서 마치 새 다리처럼 생겼으며 발톱이 있다. 다리 위쪽엔 날개가 달려 있고 등 위엔 뿔이 두 개 달린 용이 엎드려 있다. 이 묘에서 출토된 한 쌍의 부호명권족굉(婦好銘圈足觥)은 새와 동물이 합쳐진 듯한 기이한 모습으로 앞에서 보면 뛰어 오르는 맹호(猛虎) 같으며 뒤에서 보면 머리를 들고 날개를 퍼덕이는 올빼미 같다.

이러한 초자연적이고 신기한 형태의 기물들은 서주 시대에도 여전히 유행하였는데 섬서 장안(長安) 장가파(張家坡)의 정숙묘(井叔墓)에서 출토된 청동 희존(青銅犧尊)이 아주 대표적인 예다. 몸체에는 호랑이, 봉황과 두 마리의 용이 장식되어 있는데 머리는 소처럼 생겼지만 용의 뿔과 뾰족하게 솟은 귀가 있으며 몸에는 날개가 있고 네 발에는 굽이 달려 있다. 기물 전체에는 수면문, 용문(龍紋), 기문, 번개문(雷紋) 등의 문양이 장식되어 있어 복잡하고도 화려하다.

상나라의 '부호(婦好)' 동효존(銅鴞尊), 하남 안양 은허 출토

이러한 작품들 중에는 사람의 모습도 등장하는데 사람과 동물이 한 몸으로 표현된 것으로는 머리에 용의 뿔이 달린 인면청동화(人面青銅盉)가 있고 사람과 동물이 공존하는 형태 가운데 가장 유명한 것으로 호식인청동유(虎食人青銅卣)가 있다. 웅크리고 앉아 있는 호랑이가 큰 입을 벌리고 앞 발톱으로 한 사람을 움켜잡고 있으며 사람은 호랑이 쪽을 향해서 두 손으로 호랑이의 가슴을 껴안고 맨발을 호랑이의 뒷발 위에 올려놓고는 호랑이의 입속으로 머리를 비스듬히 밀어 넣고 있다. 사람과 호랑이가 서로 껴안고 있지만 사람이 두렵게 발버둥치는 모습이 없는 것으로 볼 때 호랑이가 사람을 잡아먹는 것이

아니고 서로 공존하는 것을 표현한 듯하다. 혹자는 이 사람이 하늘과 소통하는 법력(法力)을 가진 무당이며 호랑이는 하늘과의 소통을 돕는 조수(助手)라고 한다. 유(卣)는 제사를 올릴 때 술을 담는 제기인데 무당이 제사를 올릴 때 술을 실컷 마시고 각성 상태를 끌어올려야 했기 때문에 이 신비한 청동 유(青銅卣)는 아마도 무당이 하늘과 소통하는 법기(法器)였을 것이다.

상나라의 동인입상(銅人立像). 전체 높이가 262cm로 현재 발견된 것 중 가장 큰 청동인상(青銅人像)이다. 사천 광한(廣漢) 삼성퇴(三星堆) 출토

청동 인상

동물이나 사람과 동물이 공존하는 형태의 청동 예술품 외에도 상주 시대에는 청동 인상(青銅人像)도 등장했다. 1929년 봄 사천(四川) 광한(廣漢) 월량만(月亮灣)의 한 농민이 물차로 물을 뽑아낼 구덩이를 파다가 우연히 옥석기가 부장된 갱을 발견하였다. 그 후 1950년대부터 고고학자들은 이곳에서 지금으로부터 4800년 전에서 2800년 전까지 2000년간 존재하였던 약 150,000km²의 고대 문화 유적군을 속속 발견하였는데 이것이 바로 사천광한의 삼성퇴(三星堆)이다. 여기서 발견된 고도의 문명과 독특한 지역 문화는 세계 고고학계를 뒤흔들었다.

이 고대 촉인(蜀人)들의 제사 갱에서는 262cm 높이의 청동 인물입상(青銅人物立像)이 출토되었는데 운뢰문(雲雷紋)이 새겨진 긴 옷을 걸치고 맨발에는 발찌를 하였으며 높은 대 위에 서 있는 형태이다. 그 밖에도 사람머리 크기와 비슷한 청동 인두상(青銅人頭像) 여러 개와 청동 수두인상(青銅獸頭人像), 그리고 인두(人頭) 가면이 몇 개 출토되었다. 입상의 얼굴은 비교적 갸름하며 큰 눈이 튀어나와 있고 큰 귀와 네모진 턱을

상나라의 금면청동인두상(金面青銅人頭像). 사천 광한 삼성퇴 출토

가졌는데 큰 입을 굳게 다물고 있다.

인류의 초창기 종교가 갖는 공통적인 특징을 살펴보면 동물 모양의 신(神), 즉 반인반수(半人半獸)의 신에서 사람 모습의 신으로 변천해왔다는 것을 알 수 있는데 이는 자연계에서 인류의 지위가 변천해온 과정을 반영하고 있다. 이 인상(人像)들은 현재까지 알려진 중국 최초의 청동인상(青銅人像) 작품으로 실로 중국 청동 조소 예술의 진귀한 보물이라 하겠다.

청동 병기와 방어 장구

선진(先秦) 시대의 유명한 책인 『좌전(左傳)』에는 "국지대사 재사여융(國之大事, 在祀與戎)"이라는 말이 나오는데 이는 국가에서 가장 중요한 두 가지 일이 제사와 전쟁이라는 뜻이다.

전국 시대의 동과(銅戈). 중경(重慶) 이가파유지(李家垻遺址) 출토

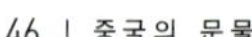

그 당시 전쟁은 대부분 큰 제후국들 사이에서 벌어졌다. 전쟁은 제사와 동등한 중요한 대사(大事)로 여겨졌기 때문에 당시 청동기 중 가장 많은 부분을 차지하는 것이 바로 병기와 보호 장구 종류이다. 예를 들어 하남 안양 은허 부호묘에서 출토된 청동기 중에는 병기의 비율이 30% 정도를 차지하고 있다. 상주 시기의 일반적인 묘장군(墓葬群)에서는 병기가 훨씬 많이 출토된다.

정벌과 살육에 쓰였던 청동 병기는 설계하고 제작할 때 살상 기능에 초점을 맞추었으나 동시에 장식도 중요시하여 어떤 검에는 표면에 장식 무늬와 금으로 도금한 명문이 있다. 공격 무기와 비교해 보면 청동으로 만든 보호 장구류의 문양은 보다 경외감과 두려움을 준다. 이러한 보호 장구로는 주로 머리에 쓰는 청동 투구와 손으로 잡는 청동 방패가 있다. 현재까지로는 하남 안양 은허 제1004호 대묘(大墓)에서 출토된 청동 투구가 수량도 가장 많을뿐더러 장식도 다양하고 화려하다. 투구 정

면에는 대개 수면문이 있는데 어떤 것은 큰 소뿔이 한 쌍 달려 있거나 큰 귀와 눈을 가진 맹호(猛虎)가 새겨져 있고 큰 눈이나 동그란 해바라기 문양만 있는 것도 있다. 방패의 장식으로는 험상궂게 생긴 사람이나 동물의 얼굴이 많은데 눈이 크고 입에는 날카로운 이빨을 드러내고 있어 신비하고 무서운 분위기를 자아내어 적을 위협한다.

중국 고대 변경 지역의 몇몇 민족은 모두 청동 병기의 장식을 매우 중요시하였다. 북방의 여러 유목 민족들은 청동 단검과 단도의 손잡이에 양, 호랑이, 말, 사슴 등 각종 동물을 즐겨 새기곤 했는데 이는 중원의 청동 단도의 형태에 큰 영향을 주었다. 더욱 눈길을 끄는 것은 고대 서남 지역 전족(滇族)의 청동 병기로 여기에는 여러 가지 조수(鳥獸)의 모양이 입체적으로 들어가 있다. 몇몇 청동 과(戈), 탁(啄)[17], 부(斧) 등의 자루 구멍 위에는 동물의 조상(雕像)을 일렬로 만들어놓기도 했는데 사슴, 소, 원숭이, 호랑이, 이리, 뱀, 천산갑 등이 보인다. 어떤 청동 탁(青銅啄)의 자루 구멍에는 세 명의 사람과 한 마리의 소로 이루어진 입체 조상이 있다. 사람을 목매다는 형태의 청동 모(青銅矛)도 있는데 이는 당시 진족 사회의 잔인한 일면을 보여준다. 동모(銅矛)[18]의 양날 위에는 나체로 쇠사슬에 묶여 매달려 있는 노예(혹은 포로)가 두 명 있는데 두 팔이 등 뒤로 묶여 있고 머리는 축 처져 있으며 산발한 머리가 늘어져 있어 그 처참한 모습이 가엽다. 진족이 사용하던 청동 갑옷 위에도 정교한 무늬가 장식되어 있다. 운남 보영(晉寧) 석채산(石寨山)의 진인묘(滇人墓)에서 출토된 청동 저패기(青銅貯貝器)의 뚜껑 위에는 이러한 갑옷을 입고 전투를 벌이는 무사의 조상이 있는데 당시 전쟁의 격렬한 광경을 재현하였다.

상나라의 청동 월(青銅鉞). 하남 안양 은허 부호묘(婦好墓) 출토

진시황릉 2호 동차마(銅車馬)

상주 이후의 청동기

상주 시대 이후 철기가 대량으로 사용되면서 일찍이 한 시대를 풍미했던 청동기는 점점 사라지게 된다. 청동기 중 대다수를 차지했던 청동 병기는 진나라의 중원 통일 이후 대대적으로 수거되어 곧바로 튼튼하고 날카로운 강철 병기로 대체되었다. 이 때문에 지금까지 전해 내려오는 청동 병기는 귀족들의 묘에 부장된 각양각색의 예기보다 훨씬 적다. 그러나 청동기가 사람들의 삶에서 멀어지기는 했지만 자신만의 독특한 예술적 매력으로 인해 조소 분야에서는 독자적인 위치를 차지하게 되었다. 섬서 진시황릉(秦始皇陵) 부장 갱에서 출토된 웅장한 동차마(銅車馬), 감숙에서 출토된 비범한 상상력이 번뜩이는 마답비준(馬踏飛隼)[19], 그리고 지금까지도 북경의 자금성과 이화원에 꿋꿋이 서 있는 큰 청동 조소품들은 모두 사람들에게 자기만의 오랜 이야기들을 들려주고 있는 듯하다.

전한의 장신관유금동등(長信宮鎏金銅灯). 사용 시에는 연기의 그을음이 궁녀의 오른쪽 어깨를 통해 몸속으로 들어가게 되어 있어 실내를 깨끗하게 유지시켜 준다. 하북 만성 중산정왕 유승묘 출토

1| **도**(刀): 한쪽 면에만 날이 있는 칼

2| **부**(斧): 날이 좁은 도끼

3| **과**(戈): 긴 손잡이가 달린 낫 모양의 창

4| **정**(鼎): 발이 세 개 달인 솥

5| **력**(鬲): 다리가 굽어 있는 솥

6| **구정팔궤**(九鼎八簋): 아홉 개의 정과 여덟 개의 궤. 궤는 곡류 등의 음식을 익히는 식기이다.

7| **작**(爵): 술을 담는 그릇

8| **고**(觚): 술잔

9| **치**(觶): 둥그런 작은 병처럼 생긴 주기

10| **존**(尊): 술을 담는 넓은 용기

11| **유**(卣): 회전하는 손잡이와 꼭지 달린 뚜껑이 있는 양동이 모양의 주기

12| **호**(壺): 술을 담는 항아리

13| **굉**(觥): 타원형이나 방형의 몸체에 동물 머리가 새겨진 뚜껑이 있는 주기

14| **방이**(方彝): 장방형 몸체에 뚜껑이 있고 네모난 입구와 배를 가진 주기

15| **춘추**(春秋, B.C. 770~B.C. 476): 주(周) 왕조가 동쪽으로 도읍을 옮긴 때로부터 진(晉)나라의 대부(大夫)인 한(韓), 위(魏), 조(趙) 3씨가 진나라를 분할하여 제후로 독립할 때까지의 전란기를 가리킨다. 춘추라는 명칭은 공자가 엮은 노(魯)나라의 역사서 『춘추(春秋)』에서 유래되었다.

16| **상**(商, B.C. 약 16세기~B.C. 11세기): 중국 고대 은나라의 처음 이름. B.C. 1100년까지 중국 황하(黃河) 중류 지역을 지배한 고대 왕조이다. 전설상의 신인 황제(黃帝)의 후손 탕왕(湯王)이 세웠다고 전해진다. 탕왕은 하나라의 마지막 왕이자 폭군인 걸왕을 무찌르고 상나라를 개국하였다. 마지막 왕은 잔혹한 주왕(紂王)이며, 주나라 시조인 무왕(武王)에 의해 멸망하였다. 19세기 말까지 전설상의 왕조로만 취급되었으나 20세기 초에 은허가 발굴되고 고고학적 증거들이 나타나 실재하는 왕조였음이 인정되었다.

17| **탁**(啄): 정처럼 물건을 쪼는 도구

18| **동모**(銅矛): 모는 금속으로 된 날의 하단 부분에 구멍이 뚫려 있어 그 속에 나무로 된 자루를 넣는 형식의 투겁창

19| **마답비준**(馬踏飛隼): 말이 한 발로 날아가는 제비를 밟고 있는 동상으로 마치 말이 나는 듯한 형상이다.

제4장 • 용상 조소(俑像雕塑)

사마천의 『사기 · 진시황본기(秦始皇本紀)』에 따르면 진시황은 중국을 통일하자마자 각지의 군사 반란을 방지하기 위하여 민간에 퍼져 있던 병기를 수거하여 녹인 뒤 몇십만 kg에 달하는 청동 인상 12개를 만들고 국도(國都)인 함양의 궁전 앞에 세워놓도록 명하였다고 한다. 그러나 아쉽게도 이 12개의 청동 인상은 아직까지 발견되지 않아 그 모습을 볼 수 없지만 진나라와 그 후대에 만들어진 용상 조소(俑像雕塑)가 대량으로 출토되어 중국 고대 조소 예술의 독특한 스타일을 엿볼 수 있다.

북조(北朝)의 문리용(文吏俑). 높이 142.5cm로 현재 북조 시대 묘장에서 출토된 것 중 가장 큰 도용(陶俑)이다. 하북 자현(磁縣) 출토

시작용자(始作俑者)

'용(俑)'이란 중국 고대 분묘에 부장된 사람 모양의 인형이다. 용의 출현은 B.C. 1600년에서 B.C. 1000년 사이의 상주 시대로 거슬러 올라간다. 그 전에는 왕과 귀족이 죽으면 보통 살아있는 사람을 순장시켰는데 한 번에 수백 명에서 심지어 수천 명까지 노예를 순장시켰다. 그러나 생산이 확대되고 사람의 노동 가치가 중요시되면서부터 사람과 비슷한 인형인 용을 만들어 산 사람 대신 순장시켰다. 옛 문헌 기록에 따르면 최초의 용은 볏짚과 풀을 사람의 형태로 묶어 만든 것이었는데 후에는 점점 정교하게 제작되어 도기로 굽거나 나무를 깎아 만들기도 하였다. 고고학적 발굴 조사에 의하면 진나라 이전의 용은 형태가 매우 작아 기껏해야 10여 cm, 심지어 몇 cm에 불과하였다. 그러나 점점 진짜 사람의 모습을 닮아가면서 신체의 모습뿐 아니라 묵필(墨筆)로 눈이나 수염, 머리 등 세세한 것까지 표현하였고 옷이나 갑주(甲胄)를 그리거나 심지어 진짜 옷을 입혀 놓은 것도 있었다.

"시작용자, 기무후호(始作俑者, 其無後乎)!" 이는 중국 유학 문화의 창시자인 공자가 내뱉은 탄식이었다. 이것은 "용을 처음 만들어 부장한 사람은 자손이 없어 후대가 끊길 것이다."라는 내용이다. 공자는 왜

이처럼 용을 싫어했을까? 후세 사람들의 해석에 따르면 이는 비록 산 사람을 순장하는 것은 아니지만 용이 진짜 사람과 매우 흡사하기 때문에 사람들의 마음속에는 여전히 산 사람을 순장한다는 생각이 담겨 있어 비난받아 마땅하다는 것이다. 결국 누가 용을 처음 만들었는지는 알 도리가 없지만 확실한 것은 부장을 위한 용은 노예 사회 후기에 발달하기 시작하여 진한 시대에 전성기를 맞이했다는 것이다.

세계를 뒤흔든 발견 — 진시황릉 병마용

B.C. 246년 13세의 진시황은 왕위를 계승하자마자 자신의 능묘를 건설하기 시작하였다. 이 거대한 지하 공정은 30여 년간 계속되었는데 동원 인원만 최대 700,000여 명에 달했다. 그러나 사서에 의하면 능묘가 완성되고 얼마 안 가 진나라의 통치는 종말을 고하게 되고 진

도기로 만든 수레를 끄는 말. 진시황릉 병마용 갱 출토

* **紅燒土**: 질퍽하고 습한 땅에 나무를 깐 후 불을 붙여 단단해진 흙

** **曲尺形**: 곱자처럼 직각으로 생긴 모양

시황의 지하 궁전은 전쟁 중에 훼손되었다고 전하는데 현재는 지상에 산처럼 생긴 높은 묘총(墓冢)만 있다.

1974년 섬서 서안 부근 임동현(臨潼縣) 안채향(晏寨鄕)에서 한 농민이 우물을 파다 우연히 진시황릉에서 멀지 않은 부장 갱을 발견하였다. 2m 정도 땅을 팠을 때 홍소토(紅燒土)* 덩어리가 나왔고 4.5m 정도 파내려가니 갱 바닥의 깔판 벽돌에 닿았는데 몇몇 도용 잔해와 청동 병기가 출토되자 작업을 멈추고 상부에 보고하였다.

그때부터 이곳에서 대규모의 발굴 작업이 시작되었는데 그 결과 총 4곳의 대형 인조 갱이 발견되었으며 미완성된 채로 버려진 한 곳을 뺀 나머지 3곳은 토목 혼합 구조(土木混合構造)의 지하 건축물이라는 것을 알 수 있었다. 그중 1호 갱으로 이름 붙여진 곳의 면적이 가장 커 14,000여 m^2에 달하며 장방형으로 되어 있다. 2호 갱은 1호 갱에서 북측으로 약 20m 떨어져 있는데 6,000m^2의 넓이에 곡척형(曲尺形)**으로 되어 있다. 3호 갱은 가장 작으며 '凹'자 형이다. 3곳의 갱에서는 모두 7,000여 개의 사람 도용과 1,000여 필의 말 도용이 발견되었다. 이곳의 발굴 작업은 1974년부터 시작되어 현재까지 계속되고 있으며 지속적으로 새로운 문물들이 출토되고 있다.

세계를 뒤흔든 이 놀라운 발견은 세계 고대 문명 '제8대 기적'으로 불리기도 하는데 이 기적의 주인공은 바로 압도적인 수량과 놀라운 규모를 자랑하는 병마용이다.

실제 사람과 흡사한 진용(秦俑)

미국의 저명한 예술사학자인 헨드릭 반룬(Hendrik van Loon)은 일찍이 "모든 예술에는 예술가의 경제적 환경뿐 아니라 그들의 지리적인 위치도 반영된다. …모든 민족은 반드시 주변에서 구할 수 있는 재료를 사용한다."라고 지적하였다.

채색된 진용(秦俑)

수많은 진용이 출토된 섬서 관중평원(關中平原)은 중국 황토 고원의 중앙부에 있는데 이곳의 황토는 촉감이 부드럽고 결정이 회분(灰分)과 비슷하여 수분을 잘 흡수하며 여러 형태로 빚어내기 편리하다. B.C. 5000년 모계 씨족 문화의 전성기였던 앙소 문화의 채도도 바로 이 황토 대지에서 나온 것이다. 무한한 황토는 진나라 사람들이 주변에서 쉽게 구할 수 있는 조소 재료였다. 전국 말기에 출현하여 점차 인기를 끈 회도(灰陶)[1] 공예는 진나라 사람들이 대형 도기 소조품을 만드는 데 있어 기술적인 밑바탕이 되었다. 고대 중국의 특수한 인상조소(人像雕塑)인 진용(秦俑)은 바로 이러한 배경에서 탄생한 것이다.

병마용 2호 갱은 여러 병종(兵種)이 섞인 군진(軍陣)으로 전차병과 기병 외에 궁노병(弓弩兵)도 있다. 그림은 갑옷을 입고 화살을 쏘기 위해 꿇어앉은 궤사용(跪射俑)이다.

진시황릉 부장용 갱의 도용은 실제 사람과 흡사하게 제작되었는데 도용의 키는 도용이 밟고 서 있는 받침대까지 포함하여 총 1.8m 정도이다. 형체가 꽤 커서 통째로 만들기 어려웠기 때문에 부분적으로 만들어 합치는 방법을 사용하였는데 신체의 각 부분, 즉 몸통, 다리, 팔, 발, 손 등을 각각의 틀에서 만들어내어 서로 이어 붙였다. 이 과정은 아래쪽부터 위쪽으로 이루어졌는데 먼저 바닥의 받침대와 두 발, 그리고 두 다리, 몸통, 두 팔과 손, 그리고 맨 나중에 머리를 붙이는 식이었다.

진용의 얼굴은 전형적인 중국 북방인의 특징을 띠는데 전체적으로 평평한 얼굴에 눈썹과 눈이 가늘고 길며 광대뼈가 약간 튀어나왔다. 이목구비, 머리와 수염, 그리고 갑옷과 옷의 무늬 등 세부 장식이 각각 서로 다른 장인에 의해 완성되었기 때문에 모든 도용의 생김새와 표정이 서로 달라 생동감 있고 역동적이다.

크기가 큰 관계로 도용을 다 붙여서 만든 후 굽는 과정에서도 시간과 노력이 많이 들어가야 했다. 한 가마에 하나 혹은 몇 개의 도용을 넣어 구웠는데 가마터는 아마 능묘 부근이었을 것이다.

병사의 도용과 마찬가지로 말의 도용도 당시 실제 말의 형태와 크기를 그대로 본떠 키가 보통 1.5m 정도 된다. 이를 제작할 때도 역시 말의 각 부분을 따로따로 만들어 하나로 합쳐 가마에서 구워냈다. 전차를 끄는 말이든 병사가 타는 말이든 전부 가만히 꼿꼿하게 서 있는 형태이다. 말의 안장은 같이 구워낸 것이지만 말머리에 묶여 있는 끈과 재갈은 실제 물긴을 갖다 썼으며 여기엔 청동 장식이 되어 있다.

현재 진용 갱 발굴 현장에 들어가 보면 사방에 보이는 것이 온통 검은 회색이나 회갈색의 도용들로 매우 단조로운 느낌을 받게 된다. 그러나 사실 처음에 제작되어 매장될 때의 진용은 이런 모습이 아니었다. 그들의 옷과 장신구에는 원래 여러 가지 아름다운 색채가 입혀져 있었는데 이는 도용을 굽고 나서 칠해진 것으로 주홍, 다홍, 분홍, 연초록, 연자주, 연파랑, 중노랑, 주황과 하얀색, 검정색, 자주색 등이 칠해졌고 그중에서 가장 많이 쓰인 것은 주홍, 분홍, 연초록, 연파랑과 자주색 등 다섯 가지였다. 화학적 분석에 의하면 당시 사용되었던 안료는 모두 무기 안료(無機顔料)*로서 젤라틴을 배합제로 사용하여 전체 표면에 고르고 선명하게 색을 입혔다. 말 도용의 몸통에도 색을 입혔는데 단지 연대가 오래되고 흙 속에 파묻혀 있다 보니 색이 대부분 벗겨졌을 뿐이다. 발굴 당시에도 어떤 것은 채색된 흔적이 여전히 남아 있었고 혹은 안료가 떨어져 나가 주변 흙 속에서 발견된 것도 있었다.

* **無機顔料**: 무기물질로 된 물감으로 금속 화합물을 이용한 것이 많으며, 유기 안료에 비하여 선명함이 떨어지나 내구성이 있다.

소리 없는 군진(軍陣)

실물과 흡사하게 만들어진 병마용의 형태를 하나씩 뜯어보자면 결코 예술적 수준이 높다고 말할 수는 없다. 병마용은 대규모로 도열되어 있는 모습을 전체적으로 볼 때 느껴지는 압도적인 엄숙함과 위엄에서 진정한 매력을 찾을 수 있다.

아치형의 천장을 가진 진용 박물관 전시관에 들어가 수천 개의 흑회색 병사용과 말 도용을 보노라면 문득 시간이 멎어 순식간에 2000년 전의 과거로 돌아간 듯한 느낌을 받게 된다. 면적이 가장 넓은 1호 갱에는 6,000여 개의 도용이 가지런하고 엄숙하게 서 있으며 4필의 말이 끄는 나무로 된 전차 모형이 있다. 도용들은 극히 가지런하게 도열하고 있는데 앞쪽에는 3열 횡대로 210명의 궁노(弓弩)병들이 서 있고 뒤쪽에는 38열의 종대로 보병과 전차병이 도열하고 있다. 좌우 양쪽과 맨 뒤쪽의 열은 모두 바깥쪽을 향하고 있는 궁노병이다. 2호 갱에는 전차 89대와 이를 끄는 356필의 말, 각종 병사들 900여 명이 있고 기병대용의 말이 116필 있다.

이는 실제 전투할 때의 대형으로 배치된 병사들의 모습일 것이다. 그들이 입고 있는 갑옷은 실전에 맞게 만들어진 것들로 보병의 갑옷은 짧고 전차병의 갑옷은 긴데 갑옷의 이음새나 질감으로 볼 때 가죽갑옷(皮甲)인 듯하다. 원활한 전투를 위해 전투마의 갈기는 짧게 잘랐고 꼬리는 묶어놓았다.

첩첩이 서 있는 진용의 대열과 거대한 군진(軍陣), 수많은 병사와 차마는 보는 사람으로 하여금 오래되고 고요한 영원의 시간 속으로 빨려 들어가게 한다. 그러나 이렇게 소리 없는 고요함 속에서도 진나라 군대의 웅장한 기세를 느낄 수 있다. 그들은 이러한 기세를 등에 업고 일찍이 동방 6국의 군대를 평정했을 것이다. 그리고 이제 그들은 그러한 모습으로 왕을 위해 묻혀 있는 것이다.

실제 사람의 크기와 흡사한 도용을 이렇게 많이 만든 것은 진나라가 중국을 통일한 이후의 창의적인 발상이었다. 진나라 이후에는 이렇게 큰 작품이 나오지 않았다. 이러한 측면에서 진용은 분명 중국 고대의 전무후무한 도기 조소 작품이라 하겠다. 병마용의 출현은 진왕조의 담대한 정신과 웅장한 기백을 보여주는 것이기도 하지만 이를 만들기 위해 투입한 어마어마한 노동력, 재물, 물자를 생각해보면

병마용 1호 갱. 깊이는 5m 정도이며 3m마다 무게를 지탱하기 위한 지중벽을 쌓았다. 이미 출토된 병사와 말, 전차는 1,000여 건에 달한다. 위 사진은 보병 위주의 장방형 군진이다.

진 왕조가 얼마나 학정(虐政)을 일삼았는가를 엿볼 수 있는 결정적인 증거라고도 하겠다.

작고 아기자기한 한용(漢俑)

진 왕조가 멸망한 후 몇 년간의 패권 전쟁을 통해 유방(劉邦)이 최후의 승리자가 되어 또 하나의 통일 왕조인 한나라를 세운다. 한나라 초기에는 경제가 피폐하여 황제조차도 자신의 어가(御駕)를 끌 4마리의 말마저 같은 빛깔로 구할 수 없었으며 관원들은 소가 끄는 느린 마차를 타고 다닐 수밖에 없었다고 하니 일반 백성들의 피폐함은 이루 말할 수 없었을 것이다. 그러하였기 때문에 한대의 조형 예술품은 진대의 기개와 풍모를 가질 수 없었다. 한대 황제들의 능묘에 수장된 도용들은 전체적인 숫자는 줄지 않았으나 크기가 대폭 축소되어 진용과 같은 실제 사람 크기의 도용은 볼 수 없다.

한대 황제 능묘 옆의 도용 갱(陶俑坑)으로 현재 발굴되어 알려진 것으로는 섬서 서안 교외의 경제(景帝) 양릉(陽陵) 주위의 부장 갱, 문제(文帝) 패릉(霸陵) 부근 두황후능원(竇皇後陵园) 서쪽 담 밖의 총장 갱(叢葬坑), 그리고 선제(宣帝) 두릉(杜陵) 북쪽의 부장 갱 등이 있다. 그중 규모가 가장 큰 양릉용 갱에서는 출토된 도용의 숫자만도 수천 개이며 아직 발굴되지 않은 도용의 숫자는 진시황릉보다 훨씬 많을 것이라고 추측된다. 하지만 이곳의 도용들은 크기가 매우 왜소하여 양릉의 도용들은 키가 약 60cm, 두릉용은 약 56cm, 패릉용은 53~57cm로 모두가 진용의 3분의 1 수준이다.

한용이 크기는 작아도 조형 예술 측면에서는 진용보다 훨씬 뛰어나다. 양릉에서 나온 남자 도용은 머리 부분이 상당히 섬세하게 조각되어 있고, 얼굴의 윤곽, 오관의 위치와 각각 서로 다른 얼굴 표정은 정확하고도 마치 살아 있는 듯 표현되어 있다. 용의 형태를 보면 패릉 두황후 총장 갱에서 출토된 여시용(女侍俑)의 경우 정교하게 제작되어 앉거나 서 있기도 하며, 몸매의 선이 부드럽고도 아름다워 단정한 자태를 보여주는데 이는 진용의 단조로운 느낌과는 큰 차이가 있다.

한용(漢俑)의 아기자기한 정교함은 이들이 들고 있는 여러 기구(器具)에서도 드러난다. 양릉의 도용은 손에 창(矛), 극(戟), 검(劍), 활, 화살촉 등의 병기와 끌, 톱, 자귀 등의 생산 용구를 들고 있는데 이들은 모두 철이나 청동으로 만들어졌고 실물의 3분의 1 크기로 되어 있어 용의 크기와도 잘 맞으며 극히 세밀하게 제작되었다. 예를 들어 어떤 도용이 손에 들고 있는 동전은 직경이 1cm가 못 되지만 둥근 모양에 네모난 구멍, 그리고 '반량(半兩)'이라는 글자가 명확하게 표시되어 있다.

전한의 여좌용(女坐俑). 섬서 서안 양릉 출토

전라(全裸)의 한용

한용의 또 다른 특징은 나신(裸身)이 많다는 것이다. 가장 주목을 끄는 것으로는 근래에 발견된 양릉의 부장 도용으로 수천 개의 남자 도용이 모두 나신이었는데 신체적 특징이 매우 명확하게 묘사되었다. 남자 도용 외에도 최근에는 한나라의 나신 여자 도용도 출토되었다.

한대의 나용(裸俑)은 매장될 당시에는 모두 직물로 된 여러 가지 옷을 입고 있었으나 시간이 지나면서 썩어서 없어진 것뿐이다. 이러한 나용들은 출토 당시에 두 팔이 없고 어깨 부분에 구멍이 나 있었는데 이는 당시에 팔을 나무로 만들어 붙였다는 것을 말해 주며 이 역시 썩어서 없어진 것이다. 한대의 도용은 신체의 특징이 사실적으로 표현되어 있는데 이는 진짜 사람과 같이 만들려고 했던 것으로 저세상에서도 죽은 황제를 모시라는 뜻이 담겨 있다.

전한의 나신(裸身) 남용(男俑). 섬서 서안 양릉 출토

자유로운 스타일의 설창용(說唱俑)

전한 초기에 중국은 오랜 기간의 전쟁을 끝내고 평화 정책을 시행하여 사회 경제가 조금씩 안정되어 갔다. 전한 중후반기에 들어서는 사회와 정치가 안정되었고 경제는 회복세를 보이며 착실하게 발전하고 있었다. 이러한 변화는 부장용들의 소재와 예술적 스타일에도 즉시 영향을 미쳤는데 예를 들어 무사용(武士俑)과 남녀 시용(男女侍俑) 외에도 스타일이 훨씬 자유롭고 생동감 넘치는 가무백희용(歌舞百戱俑), 특히 목조로 제작된 설창용들이 등장하기 시작하였다. 강소 우이(盱眙) 동양(東陽)과 양주(揚州) 한강(邗江) 호장(胡場) 등지에서 발굴된 전한 말기의 묘장에서는 모두 목조로 된 설창용이 출토되었다. 이들은 보통 앉은 자세로 한 손을 흔들며 다른 손은 무릎 위에 놓고 가늘

게 실눈을 뜨고 입을 벌리고 있는데 현존하는 전한 목조 예술의 걸작품이라 하겠다.

가무잡기(雜技)를 소재로 하는 도용군들은 산동(山東) 제남(濟南) 무영산(無影山)의 전한묘에서도 발견되었다. 이는 꽤 큰 장면을 묘사한 작품인데 20여 명의 가무잡기 도용들이 큰 받침대 위에 붙어 있다. 받침대 중앙에서는 6명이 가무잡기를 공연하고 있으며 7명의 악대(樂隊)가 반주를 하는데 붉은색 옷을 입은 사람이 악대의 지휘자인 듯하다. 긴 옷을 입은 두 명의 여자는 넓은 소매를 흔들며 춤을 추고 나머지 4명의 젊은 남자들은 짧은 옷을 입고 맨발로 물구나무를 서서 몸을 꺾는 잡기를 보여주고 있다. 악대는 한쪽에서 반주하고 있는데 각각 북을 두드리고 피리를 불고 거문고를 연주한다. 양쪽 측면에는 관중들이 서 있다. 이들 도용은 비교적 단순하여 인물의 형체나 윤곽만 살렸을 뿐이지만 색채가 선명하고 인물이 많이 등장하여 당시 가무잡기를 공연할 때의 흥겨운 장면을 보여주고 있다.

하남 지역에서 출토된 전한 말기의 묘장 중에는 가무잡기용 외에

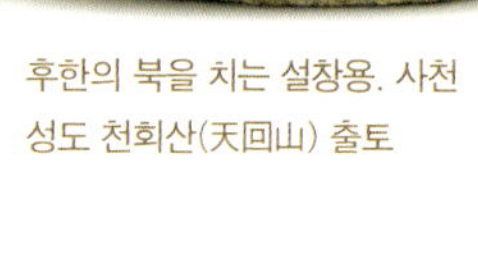

후한의 북을 치는 설창용. 사천 성도 천회산(天回山) 출토

전한의 잡기용(雜技俑). 산동 제남 출토

도 농사일하는 것을 묘사한 작품도 있는데 풍차를 돌려 곡식을 도정하거나 방아를 발로 디디어 쌀을 찧고 있는 하인(僕從俑), 소, 양, 닭, 개, 돼지 등 가축의 모형도 있어 일상생활의 정취를 흠뻑 드러내고 있다.

위진 남북조의 도용

3~6세기에 중국은 전란과 분열의 시대인 삼국 위진 남북조 시대로 접어드는데 이때의 도용은 제작 방법이나 형태에서 새로운 변화를 맞이한다. 서진(西晉)[2]의 묘장에 있는 부장용들은 주로 네 부분으로 구성된다. 첫째는 머리를 숙이고 뿔을 치켜든 소의 형상을 한 진묘수(鎭墓獸)와 갑옷을 입은 진묘무사용(鎭墓武士俑)으로 주로 사악함을 물리치고 묘를 지키는 것들이다. 둘째는 우마차와 안장을 얹은 말로써 묘주(墓主)가 저세상에서 타고 다닐 것들, 셋째는 저세상에서 죽은 자를 시중들 남녀 시종들, 넷째는 주방 용품을 포함한 우물(井), 아궁이(爐), 숫돌(磨) 등의 명기(明器)[3]와 일을 부리거나 식용으로 기르던 가축과 가금(家禽) 등이 있다.

남북조 시대 중원 지역에는 거대한 세력을 가진 몇 개의 군벌 집단이 장기간 할거하는 상황이 지속되었는데 이 때문에 국지적인 전쟁이 끊이지 않아 농촌 경제가 극히 피폐해졌으며 백성들의 삶도 도탄에 빠졌다. 이에 몇몇 토착 향신들은 높은 성을 쌓고 사적으로 대규모의 군대를 조지하였는데 주변에서 피난하며 떠돌던 농민들도 이곳으로 들어와 이들에게 보호받기를 원하여 이때부터 장원 경제가 발달하기 시작하였다. 출토된 의위용(儀衛俑)은 바로 이 시기에 제작된 것이다. 이 도용들 속의 전사와 전투마는 모두 갑옷을 입고 있으며 말을 탄 군악대도 장비를 가지런히 갖추고 일제히 북과 뿔피리를 불어대는 모습이 위풍당당하게 출정(出征)하는 기세를 보여준다.

우마차. 산서 대동의 북위(北魏) 송나라 소조묘(紹祖墓) 출토

화려한 당삼채(唐三彩)

당(唐)[4] 왕조가 건립된 이후부터 고종과 측천무후 시기까지의 묘장에서 출토된 부장용들은 성당(盛唐) 시대의 풍모를 보여주고 있다. 갑옷을 입은 무사 모습의 진묘용(鎭墓俑)은 누워 있는 동물을 밟고 있는 천왕(天王) 형상으로 바뀌었으며 천왕 모습의 진묘용과 비슷한 크기로 화려한 복장을 한 문관용(文官俑)과 무관용(武官俑)도 나왔는데 문관용은 개책(介幘)을, 무관용은 변관(弁冠)을 쓰고 있으며 단정한 자태를 보여준다. 서진 이후에 출행용군(出行俑群) 행렬의 중심에 있던 우마차는 안장과 고삐가 선명하게 묘사된 준마(駿馬)로 바뀌었다. 남북조에서 수 왕조까지 유행했던 중무장한 기병이 앞에서 이끄는 군사적 분위기가 농후한 출행 대열은 당 왕조에 이르러 즐겁고 유쾌한 분위기로 바뀌었다. 중무장한 기병은 점점 사라지고 어깨에 매를 앉히거나 사냥개나 표범을 끌고 가는 기사(騎士)들로 구성된 바깥으로 사냥 나가는 행렬이 많이 등장한다. 행렬 중에는 말을 탄 고취악대(鼓

吹樂隊)와 폴로(polo)를 즐기는 기수들도 보인다.

바로 이 시기에 색채가 화려하고 아름다우며 생동감 넘치는 모습을 한 삼채용(三彩俑)이 등장하는데 이는 중국 고대 도용 예술의 극치라 할 수 있다. 이것은 여러 색깔을 내는 저온 유약*을 입혀 만든 도용으로 색채가 선명하나 투명하지는 않고 주로 황색, 녹색, 갈색을 사용하였기 때문에 흔히 '당삼채'라 부른다. 그러나 실제로 사용한 색깔은 이 세 가지 외에 남색, 흑색 등도 있다.

당 현종(玄宗) 개원(開元), 천보(天寶) 연간에 이르러 사회, 경제적으로 전에 없는 번영을 구가하면서 사람들은 사치를 즐기게 되었고 삼채 공예도 가장 융성한 전성기를 맞게 된다. 이 시기 삼채용의 인물 형태는 살이 찌고 배가 나온 체형이 많은데 특히 여자용의 경우 높게 틀어 올린 머리와 긴 치마에 윤기 있는 얼굴, 우아하고 고상한 스타일로 제작되어 당시 사회에서 유행하던 아름다움의 표준이 어떤 것인지 엿볼 수 있다. 인물의 형태는 정확하게 묘사되어 있는데 윤곽

*소성 온도는 약 800~1,100℃

좌 당나라의 채색 시녀용(侍女俑). 섬서 서안 출토

중 당나라의 진묘무사용(鎭墓武士俑). 섬서 예천(禮泉) 정인태묘(鄭仁泰墓) 출토

우 당나라의 호인(胡人) 채색용

곡선에 풍부한 변화를 주어 당대 인물 원조(圓雕)의 뛰어난 예술적 경지를 보여준다.

당삼채 작품 중에 가장 생동감 있게 표현된 것은 준마(駿馬)로서 가장 대표적인 것이 723년 선우정회묘(鮮于庭誨墓)에서 출토된 네 마리의 삼채 말이다. 높이는 50cm가 넘으며 두 마리는 털이 순백이며, 다른 두 마리는 목 부위에 하얀 반점이 있고 하얀색 발굽을 가진 황색 말(白蹄黃馬)이다. 네 마리 모두 매우 생동감 있게 표현되어 긴 목과 살집이 붙은 몸, 비슷한 체구이며 꼬리는 둥글게 말려 묶여 있다. 마구도 선명하여 고삐와 안장, 밀치끈에는 황금으로 된 화려한 꽃과 은행나무 잎이 장식되어 있다. 두 마리 백마의 긴 갈기는 당시에 유행하던 '삼화(三花)' 장식으로 다듬어져 있으며 다른 두 마리의 백체황마는 일화(一花)로만 되어 있다. 선우정회묘에서는 극히 드물게 보이는 낙타재악용(駱駝載樂俑)도 출토되었는데 이는 낙타등 위에 얹은 평평한 안장 위에서 네 명의 악사와 녹색 옷을 입은 한 명의 호인(胡人) 남자가 춤을 추고 있는 모습이다. 낙타는 몸집이 크고 아름다우며 도용들은 생동감이 넘친다.

당삼채 낙타재악용(駱駝載樂俑). 섬서 서안 선우정회묘(鮮于庭誨墓) 출토

용상(俑像)의 황혼기

오대십국(五代十國)[5] 시기의 묘장용은 기본적으로 당대의 관습을 따랐다. 강소, 사천, 복건 등지에서 발견된 전촉(前蜀), 남당(南唐), 민(閩) 등 군소 국가의 제왕과 고관들의 묘장에서는 대량의 부장용들이 출토되었다. 이들 도용은 공통적인 시대적 특징 외에도 각각 지방 고유의 색채를 띠고 있다. 강소 강녕(江寧) 우수산(牛首山)에서 발굴된 남당 시기 두 개의 능은 비록 이미 도굴당한 상태였지만 남아 있던 도용이 약 200여 개 출토되었는데 그중에는 궁녀, 무기(舞伎), 무사 외에

도 인수어신(人首魚身), 인수사신(人首蛇身), 쌍수사신(雙首蛇身) 등의 형태를 한 기괴한 용이 많이 보인다. 이는 분명 무덤을 지키고 사악함을 물리치는 신성한 형상인 듯하다.

송(宋)[6] 나라에 들어서면서 장례 관습에 변화가 생겼는데 특히 종이와 부장품을 불에 태우는 습속이 유행하면서 부장용군도 점차 쇠퇴하게 된다. 그러나 각지에서 발견된 송대 묘에서는 여전히 부장용이 발견되고 있다. 하남 염점(鹽店) 송묘(宋墓)에서 출토된 정교하게 조각된 각양각색의 석용(石俑), 강서 파양(鄱陽)과 경덕진(景德鎭) 남송묘에서 나온 연극을 공연하는 모습의 자용(瓷俑) 등은 모두 높은 가치를 지니는 문물이다. 북방의 요묘와 금묘에서도 도용의 흔적을 발견할 수 있다. 북경 창평(昌平)의 진장요묘(陳庄遼墓)에서 출토된 남녀 도용은 거란족의 두발 모양을 실제와 흡사하게 표현하여 그들의 민족 습속을 생동감 있게 보여주고 있다. 산서(山西) 후마(侯馬)의 금(金)나라 대안(大安) 2년(1210)의 묘에서 출토된 채색된 잡극전용(雜劇磚俑)은 중국 희극사를 연구하는 데 없어서는 안 되는 실물 사료이다.

원(元)[7] 나라 때 몽고족 왕공의 분묘에 부장용이 있었는지의 여부는 아직까지도 고고학적으로 발굴된 자료가 없다. 그러나 섬서, 감숙 일대의 원묘에서는 수많은 부장용이 출토되었는데 용의 복식과 두발 모양이 섬세하게 조각되어 몽원(蒙元) 복식 연구에 중요한 자료가 되고 있다.

명(明)[8] 나라가 세워지면서 다시금 방대한 수량의 부장용군이 왕공과 고관의 신분, 지위의 상징이 되었다. 강서, 산동, 사천 등에서 발굴된 명대의 여러 왕릉묘에서는 정교하게 제작된 부장용군이 발견되었는데 목용(木俑), 도용과 함께 화려한 색채를 내는 유약이 사용된 유도용(釉陶俑)이 보인다. 성도(成都)에 있는 영락(永樂) 8년(1410)의 촉왕

당삼채 말

수나라의 밥 짓는 여자용. 호북 무창(武昌) 출토

세자(蜀王世子) 주열염(朱悅爌)의 묘에서는 500개가 넘는 유도용이 출토되었는데 상로(象輅)*를 중심으로 가지런히 배열되어 있는 의장 행렬로서 명나라 초 친왕(親王)의 의장 제도를 엿볼 수 있다. 명대 황제 능묘에 묻힌 부장용군의 숫자는 실로 놀랄 만한 수준인데 북경 명 13릉 중 유일하게 발굴된 만력 황제 주익균(朱翊鈞)[9]의 정릉(定陵)의 경우 후전(後殿) 관곽의 남북쪽 양 끝에 큰 기물 상자들이 놓여 있는데 그중 7개의 상자에는 목용들이 들어 있다. 그러나 아쉽게도 상자와 목용은 심하게 부패되어 여섯 상자는 표면이나 부분적으로만 그 형체를 볼 수 있을 뿐이며 한 상자만 그럭저럭 보존이 잘 되어 있다. 안에는 약 1,000개의 목용이 들어 있는데 그중 248개가 완전하게 남아 있었다. 이들은 버드나무, 삼나무, 소나무 등으로 만들어졌고 채색이 되어 있는데 얼굴에는 분을 바르고 눈과 눈썹은 검게, 입술은 빨갛게 칠해져 있으며 대부분 서 있는 의장용(儀仗俑)이다. 7개의 상자가 모

* **象輅**: 코끼리가 끄는 화차

두 완전하게 남아 있었다면 그 수량은 무려 10,000개에 달할 것이다. 청(淸)[10] 나라의 황제 능묘는 아직 정식 발굴이 이루어지지 않았기 때문에 명대 능묘에서와 같은 부장용이 있었는지 확실치가 않다.

그러나 광동 대포호(大埔湖) 요우(寮圩)에서는 청나라 초의 전설적인 장군 오육기의 분묘를 정리하면서 그 안에서 도기로 된 일련의 의장시복용(儀仗侍僕俑)과 여러 가구 모형들이 발견되었는데 그 수는 총 100여 건에 달했다. 이것은 지금까지 고고학적으로 발굴된 가장 최근의 부장용군으로 수천 년 동안 이어진 고용 예술(古俑藝術)의 거의 마지막 작품이라 할 수 있다.

1| **회도**(灰陶): 잿빛을 띤 거칠게 만든 토기

2| **서진**(西晉, 265~317): 중국의 왕조로 촉한 제갈량의 북벌을 막아낸 위나라의 중신 사마의의 손자인 사마염이 건국하였다. 건국 초기 무제 사마염은 안정적인 정치로 새로운 나라의 기반을 다져나갔으나, 말년에 사치에 빠져 온 나라가 향락의 도가니에 빠지고 말았다. 국정이 갈수록 문란해지던 혜제 때에 이르러 군사력을 장악하고 있던 왕들이 팔왕의 난을 일으켜 국운이 기울고 만다. 무려 16년 동안 팔왕의 난이 중국을 휩쓸고 있던 중에, 중국 내륙에 이미 정착해 있던 많은 유목 민족들이 중국을 침략하기 시작하였다. 이것이 영가의 난을 초래하게 되었고 서진은 흉노의 유연이 세운 한나라에 건국 52년 만에 멸망했다. 황실의 일족인 사마예가 당시 건업에 위치하고 있었는데 중원의 호족과 강남 토착 호족들의 추대에 힘입어 317년 동진을 세워 진나라의 명맥을 유지해나갔다.

3| **명기**(明器): 죽은 후의 세계에서 사용할 생활 용구

4| **당**(唐, 618~907): 수(隋)나라에 이은 중국의 통일 왕조. 290년간 중국을 다스리며 문화와 경제를 절정으로 끌어올렸으며 한국, 일본 등 아시아는 물론 유럽의 정치, 경제, 문화에도 큰 영향을 끼쳤다.

5| **오대십국**(五代十國, 907~960): 당나라가 멸망한 907년부터, 송나라가 건립된 960년까지, 황하 유역을 중심으로 화북을 통치했던 5개의 왕조(오대)와 화중, 화남, 화북의 일부를 지배했던 여러 지방정권(십국)이 흥망을 거듭한 정치적 격변기를 가리킨다. 오대십국의 오대는 후량, 후당, 후진, 후한, 후주를 뜻하며, 십국은 오월, 민, 형남, 초, 오, 남당, 남한, 북한, 전촉, 후촉을 포함한다.

6| **송**(宋, 960~1279): 960년 조광윤이 오대십국 시대 오대 최후의 왕조 후주로부터 선양을 받아 개봉에 도읍하여 나라를 세웠다. 국호는 송(宋)이었으나, 춘추 시대의 송, 남북조 시대의 송 등과 구별하기 위해 황실의 성씨를 따라 조송(趙宋)이라고도 부른다. 통상 1127년 금나라의 확장에 밀려 양자강 이남으로 옮기기 전을 북송, 이후 연남(지금의 항주)에 도읍을 옮긴 것을 남송이라고 불러 구분하였다. 북송, 남송 모두 합쳐 송 왕조라고도 한다.

7| **원**(元, 1271~1368): 중국을 중심으로 동아시아 전역을 지배한 몽골 왕조. 칭기즈칸이 세운 몽골 제국은 손자인 쿠빌라이에 이르러 중국 전역을 통일하게 되면서 중앙 집권 국가의 기틀이 마련된다. 그러나 1368년 주원장(朱元璋)에게 수도를 빼앗기고 몽골 지역으로 쫓겨난 후 얼마 지나지 않아 멸망한다.

8| **명**(明, 1368~1644): 몽골족이 세운 원(元)나라를 무너뜨리고 들어선 한족 왕조. 초대 황제는 평민 출신의 주원장(朱元璋)이었으며 약 280년간 지속되었다.

9| **주익균**(朱翊鈞, 1563~1620): 명나라 제14대 황제(1572~1620 재위) 신종. 국정에 태만하여 이 시기에 정치적 혼란과 재정 위기가 심각해졌다.

10| **청**(淸, 1616~1911): 명나라 이후 만주족 누르하치가 세운 정복 왕조. 중국 최후의 통일 왕조로 1911년 신해혁명으로 멸망한다.

제5장 • 능묘 석각(陵墓石刻)

능묘 석각(陵墓石刻)은 지금까지 알려진 중국 최초의 대형 석조 예술품으로 기념비적인 성격을 띤다. 여기에는 석궐(石闕), 석비(石碑), 석조상(石雕像) 등이 있으며 주로 능묘의 전묘도(前墓道)와 묘문(墓門) 양쪽에 세워져 있다.

석궐은 처음에는 궁전의 문 앞에 세워 위엄을 드러내기 위한 장식 건축이었다. 전한과 후한 때는 왕공의 주택이나 능침(陵寢) 앞에 세워져 상징성을 갖는 건축 장식이 되었다. 석비가 생겨난 연대는 이보다 조금 늦고 석조상은 예술적 측면에서 최고의 수준을 보여주며 그 영향도 매우 폭넓었다.

청나라 건륭 황제의 유릉(裕陵) 지하 궁 내부에는 수많은 불상(佛像), 경문(經文), 불교와 관련된 장식 문양들이 새겨져 있다.

고사에 따르면 진시황이 중원을 막 통일했을 때 어떤 사람이 감숙 임조(臨洮)에서 옹중(翁仲)이라는 이름을 가진 거인을 보았는데 그는 '키가 다섯 장에 달하고 발자국의 크기는 육척(其高五丈, 足迹六尺)'이었으며 엄청난 힘을 가졌다고 한다. 이에 진시황은 천하의 병기를 모두 수거하고 이를 녹여 큰 청동인상을 만들어 이를 옹중이라 하였다. 후에 남북조(南北朝)[1] 시대부터 사람들이 이를 본떠 능묘 앞에 옹중의 석상을 만들기 시작하였는데 이러한 전통은 이후에도 계속 이어졌다.

한대 능묘 석각

능묘 석각 중에 가장 대표적인 것은 전한의 명장인 곽거병(霍去病)[2]의 능묘 석조로 지금의 섬서 서안 무릉(茂陵)에 있다.

전한 때 북방의 변방 지역에는 유목 민족인 흉노의 침략이 잦았다. 젊고 용맹한 표기 장군(驃騎將軍)

곽거병은 여러 차례 군사를 이끌고 흉노와 혈전을 벌여 한나라의 영토를 지키는 데 큰 공을 세웠다. 곽거병이 죽자 한 무제는 군대로 하여금 검은색 갑옷을 입고 국도인 장안에 도열케 하여 장례식을 치러 주었고 그가 예전에 전투를 벌였던 기연산(祁連山)의 모습을 본떠 묘총을 만들어 주었다. 또한 큰 산처럼 생긴 묘총에 여러 동물들의 석조상을 만들었는데 이 석조상들은 모두 큰 돌을 조각하여 만든 것들로 평균 길이가 1.5m가 넘으며 가장 큰 것은 2.5m에 달한다. 2000여 년의 세월이 지난 지금 이 석조상들은 일부분만 남아 있으며 원래 놓여 있던 위치는 알아낼 방법이 없다. 최근에는 현지 정부가 남아 있던 16개의 조각상을 한데 모아 따로 보관하고 있는데 여기에는 누워 있는 말, 뛰는 말, 누워 있는 호랑이, 누워 있는 돼지, 누워 있는 소, 양, 코끼리, 물고기와, 흉노인을 밟고 있는 말, 양을 먹고 있는 괴수, 곰과 싸우는 사람 등의 석각이 있다. 이 조각상들 가운데 중심이 되는 것이 세 마리의 준마상(駿馬像)이다.

누워 있는 말, 뛰는 말, 흉노인을 밟고 있는 말의 세 가지 준마 조각상은 부름, 전투, 승리의 세 단계를 상징하는 것으로 볼 수 있는데, 영웅이 흉노 군대를 격파하는 내용을 대대적으로 부각시켜 칭송하고 있다. 누워 있는 말은 비록 누워 있지만 머리를 들고 있어 마치 전투 소리를 듣고 전장으로 뛰쳐나갈 준비를 하는 듯하다. 뛰는 말은 앞발을 들고 있는데 거대한 몸집과 어울리게 앞의 적진을 향해 돌진하려는 기세를 보여준다. 흉노인을 밟고 있는 말은 준마가 적을 배 아래 깔고 있는 형태인데 얼굴에 온통 수염이 난 적이 항복하지 않고 손에 들고 있는 긴 창으로 말의 배를 겨누고 있으나 승리한 준마는 개의치 않고 당당히 서 있다.

곽거병 묘의 석조 군상을 보면 당시 중국의 석조 예술이 아직 초보 단계에 머물러 있으며 작품들도 석재 형태의 제한을 많이 받고 있음을 알 수 있다. 거대한 돌덩어리를 조각하고 다듬을 수 있는 제대로 된 공구가 없었던 관계로 사람들은 가급적이면 작품의 형태와 비슷하게 생긴 돌덩어리를 골라 최소한의 가공만 하려고 하였다. 외형의 윤곽을 만든 후에는 주로 동물의 머리 부분과 동물 형태의 특징을 가장 잘 보여주는 부분을 중점적으로 조각하였다. 세부 표현에는 부조(浮雕)와 선각 기법만을 사용하였다. 기법상의 부족함을 채우기 위해 동물들을 엎드려 있는 형태로 만들었는데 이는 다리 사이의 공간을 뚫어서 처리해야 하는 난제를 해결하기 위함이었다.

남조 능묘 석각

남조는 송(宋)[3], 제(齊)[4], 양(梁)[5], 진(陳)[6]의 네 정권을 합쳐 부르는 말이다. 여기서 말하는 남조 능묘 석각이란 이 4개 왕조의 황제릉과 왕후묘 앞에 있는 석조품을 가리킨다. 이 왕조들은 모두 지금의 강소 남경에 도읍을 정하였기 때문에 남조의 능묘 석각은 주로 이 지역과 주변의 단양(丹陽), 구용현(句容縣)에 위치해 있다. 그중 남경에 있는 17곳과 단양의 13곳에 남아 있는 석각들은 모두 국가 중점문물 보호단위로 보호받고 있다.

남조 양(梁) 소경묘(蕭景墓)의 날개 달린 신수(神獸)

시대가 변하고 왕조가 바뀌면서 남조 능묘 석각의 조형과 분위기도 약간씩 변하였다. 신수(神獸)를 예로 들면 남조 석각 예술의 첫 시기인 송나라 때는 간결하지만 투박한 자연미가 있었다. 제와 양나라 때는 성숙기로서 그 형태가 웅장하고도 생동감이 있으며 진나라 때는 쇠퇴기로서 국력이 기울어가는 당시의 분위기가 그대로 예술 작품에 반

영되어 신수의 머리가 비교적 크고 뒤로 젖혀져 있어 마치 목을 움츠린 것 같이 보인다. 네 다리는 짧고 힘이 없어 예전처럼 가슴을 활짝 펴고 노려보던 웅장한 기세가 없어졌다.

호랑이 머리 형태의 문돈(門墩). 산서 대동 북위 문명태후(文明太后) 풍씨(馮氏)의 방산 영고릉(方山永固陵) 출토

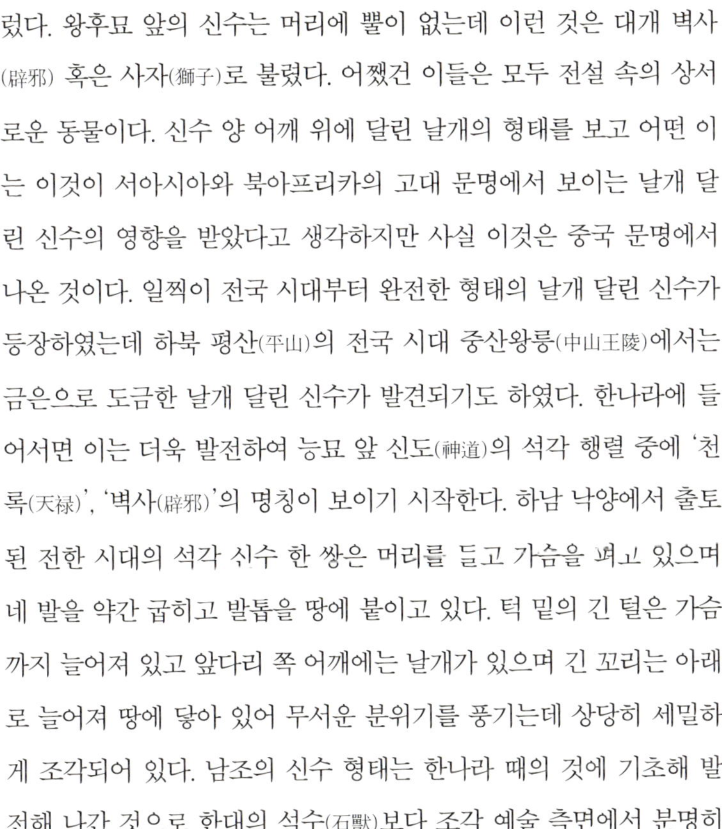

신수는 네 발을 땅에 붙이고 머리를 치켜들고는 가슴을 편 자세를 취하고 있는데 앞다리 위쪽 어깨에는 대부분 털이 가득한 날개가 달려 있다. 머리에는 한 개 또는 두 개의 뿔이 달려 있는데 사람들은 이를 천록(天祿) 혹은 기린(麒麟)이라 불렀다. 왕후묘 앞의 신수는 머리에 뿔이 없는데 이런 것은 대개 벽사(辟邪) 혹은 사자(獅子)로 불렸다. 어쨌건 이들은 모두 전설 속의 상서로운 동물이다. 신수 양 어깨 위에 달린 날개의 형태를 보고 어떤 이는 이것이 서아시아와 북아프리카의 고대 문명에서 보이는 날개 달린 신수의 영향을 받았다고 생각하지만 사실 이것은 중국 문명에서 나온 것이다. 일찍이 전국 시대부터 완전한 형태의 날개 달린 신수가 등장하였는데 하북 평산(平山)의 전국 시대 중산왕릉(中山王陵)에서는 금은으로 도금한 날개 달린 신수가 발견되기도 하였다. 한나라에 들어서면 이는 더욱 발전하여 능묘 앞 신도(神道)의 석각 행렬 중에 '천록(天祿)', '벽사(辟邪)'의 명칭이 보이기 시작한다. 하남 낙양에서 출토된 전한 시대의 석각 신수 한 쌍은 머리를 들고 가슴을 펴고 있으며 네 발을 약간 굽히고 발톱을 땅에 붙이고 있다. 턱 밑의 긴 털은 가슴까지 늘어져 있고 앞다리 쪽 어깨에는 날개가 있으며 긴 꼬리는 아래로 늘어져 땅에 닿아 있어 무서운 분위기를 풍기는데 상당히 세밀하게 조각되어 있다. 남조의 신수 형태는 한나라 때의 것에 기초해 발전해 나간 것으로 한대의 석수(石獸)보다 조각 예술 측면에서 분명히

앞서 있는데 특히 구멍을 뚫고 조각하는 기술은 큰 발전을 보였다. 남조 석각의 거대한 크기도 한대의 것과는 비교할 수 없다. 결론적으로 남조의 석각은 훨씬 더 기세가 있으며 거대한 석수는 머리를 쳐들고 하늘을 바라보고 있는데 있는 힘껏 날개를 펴고 비상하려는 듯한 느낌을 준다.

남조의 능묘 석각은 보통 한 쌍의 신수, 신도 석주(神道石柱)와 석비로 이루어지는데 보존이 가장 잘 되어 있고 수량도 많은 것은 대형 석각 신수이며 그 다음이 신도 석주이다.

당대 능묘 석각

당 왕조 황제의 능묘는 대부분 국도(國都)인 장안(長安)[7] 부근에 있다. 섬서 관중(關中) 분지 북부의 건현(乾縣), 예현(禮縣), 경양(涇陽), 삼원(三原), 부평(富平), 포성(蒲城)의 6개 현을 걸쳐 동서로 100km 정도 되는 지역 내에 총 18개의 황제릉이 있는데 통상 이를 '당 18릉(唐十八陵)'이라 한다. 이들은 대부분 산을 끼고 만들어졌는데 모두들 큰 능원(陵園)을 만들고 그 안에 일련의 석각들을 세워놓았다. 석각들은 주로 신도(神道)의 양 측면과 능원의 네 문 밖에 세워져 있다. 그중 신도 양측에 세워진 석각들은 수량도 많고 소재도 다양하여 능묘 지역의 엄숙하고도 위엄 있는 분위기를 살려주어 당대 석조 예술의 백미라 할 수 있다.

당나라 소릉육준(昭陵六駿)의 하나인 '삽로자(颯露紫)'. 병사가 몸을 구부려 조심스레 화살을 뽑고 치료해 주는 모습을 담았다.

당 왕조 초창기의 당릉 석각은 용왕매진하는 웅장하고 힘찬 기백을 드러낸다. 대표적인 작품인 '소릉육준(昭陵六駿)'은 6폭의 대형 석각 부조 작품으로 당나라 두 번째 황제인 이세민(李世民)[8]

당나라 건릉(乾陵)의 의장용 말과 공마관

이 말 타던 모습을 묘사한 것이다. 6필의 전투마는 사실적으로 묘사되어 있는데 걷거나 뛰고 있으며 말의 장식과 마구도 세밀하고 정확하게 표현되어 있고 몸에 화살을 맞은 상처가 있는 말도 있다. 그중 어떤 말은 앞쪽에서 군인 한 명이 말에 박힌 화살을 빼고 상처를 치료해 주는 장면이 있다. 이 위풍당당한 전투마들은 6세기 말, 7세기 초의 역사 속으로 안내한다. 주군인 이세민을 태우고 전장 속에서 생사를 넘나들며 당 왕조를 세우는 데 큰 공을 세웠기 때문이다.

소릉육준은 황제 이세민의 공덕을 기리기 위해 만든 작품이다. 이 기념비적 성격의 석조 작품 속에는 정작 영웅 본인은 모습을 드러내지 않지만 그가 탔던 전투마들의 당당한 모습에서 영웅의 존재를 느낄 수 있다. 이 작품은 중국 예술에서 중요시하는 함축성과 상징적 기법을 특징적으로 보여주고 있어 더욱 매력이 있다.

당 고종 이치(李治)[9]와 여황제 측천무후(則天武后)[10]를 합장한 건릉(乾陵) 앞의 석각군을 보면 당릉 석각이 성숙 단계로 진입했다는 것을 알 수 있다. 건릉 능원의 네 문에는 각각 한 쌍의 돌사자가 있고 북문(北門)에는 사자 외에도 6필의 석마가 있다. 나머지 석각들은 남향의 신도 양측에 놓여 있는데 남쪽에서부터 북쪽으로 순서대로 화표

* **華表**: 궁전이나 능 앞에 화려하게 조각한 돌기둥

(華表)*, 날개 달린 말, 타조가 각각 한 쌍씩 있고, 의장용 말과 공마관(控馬官) 다섯 쌍, 석인(石人) 열 쌍, 그리고 석비가 2개 세워져 있다. 그 외에도 외국 사신들의 석상이 61개 놓여 있다.

건릉의 석각은 훨씬 성숙한 수준을 보여주는데 특히 세부적인 표현에 매우 신경을 썼다. 소릉육준처럼 사실적인 묘사나 변화무쌍하고 생동감 있는 기법은 사용하지 않은 대신에 단정하고 엄숙한 형태를 보여준다. 말을 예로 들면 단정하게 서 있는 공마관(控馬官) 옆에 안장과 고삐를 다 갖춘 의장용 말이 고개를 숙이고 꼿꼿이 서 있는데 온순하고 점잖은 모습이다. 이런 자세의 마부와 다섯 쌍의 말이 일렬로 쭉 배치되어 있어 더욱 엄숙하고 질서정연한 분위기를 풍긴다.

송대 능묘 석각

북송(北宋)[11] 시대는 중국의 중앙 집권 관료 기구가 완전히 갖추어지고 각종 법규와 예법 제도가 성숙해가던 때였다. 북송 왕조 건립 초기에는 황제 능원, 황후 능원과 공훈 대신의 분묘를 등급에 따라 구분하는 능묘 제도를 제정하였으며 아울러 신도 석각의 규제(規制)도 만들었다. 이 때문에 북송의 황제릉은 모두 똑같은 양식에 따라 지어졌고 신도 석각도 동일한 주제와 수량으로 규정된 위치에 자리 잡았으며 단지 만들어진 시기가 다른 관계로 세부적인 표현과 장식에서 약간의 차이를 보일 뿐이다.

하남 공현(鞏縣) 송대 황릉 석각

북송 황릉 앞 신도의 석조는 당릉의 석조를 계승하였으나 새로운 조합과 조형도 등장하였다. 당릉 석조와 비교해보면 코끼리와 코끼리 조련사, 중무장한 무사와 궁

인(宮人), 그리고 외뿔이 달린 신수가 새로 생겼고 의장용 말이 두 쌍으로 늘었으며 각 말 앞에 서 있던 마부도 두 명씩으로 늘어났다. 또한 외국 사신, 양, 호랑이, 상서로운 동물 등은 황릉에 반드시 있어야 한다는 규정이 생겼다. 석각의 수량은 각 능마다 60개씩으로 증가했으며 동, 서, 북 세 곳의 문 앞에 놓인 사자 외에 다른 석각들은 신도의 양측에 세워졌다. 석각은 안쪽을 바라보고 있으며 두 개씩 짝을 이루고 있는데 남쪽에서 북쪽으로 차례대로 망주(望柱)*, 코끼리, 코끼리를 끄는 사람, 상서로운 동물, 말과 마부, 호랑이, 양, 외국 사신, 무관, 문관, 남문의 사자(南門獅), 무사, 상마석(上馬石), 궁인의 순서로 되어 있다. 그중 외국 사신이 세 쌍이고 말, 호랑이, 양, 무관, 문관과 궁인은 각각 한 쌍씩 있다. 석각의 형태도 모두 일률적이어서 사람은 단정하고 바르게 서 있으며 동물들도 단정히 서 있거나 앉거나 누워 있는데 역시 온순하고 단조로운 자세이다. 송릉의 석조는 당릉의 석조보다는 부분적으로 좀 더 세밀하게 표현되어 있다. 인물의 의관 복식, 무사의 투구와 갑옷, 의장용 말의 고삐, 등자와 안장 등은 모두 실물 모습 그대로 조각되었으며 그 위의 장식 문양도 얇은 부조나 선각 기법으로 새겨져 실로 세세하게 공을 들여 작업했다는 것을 알 수 있으며 독특한 시대적 기풍을 보여주고 있다.

북송과 같은 시기의 왕조인 요(遼)와 서하(西夏)의 황릉도 역시 능원 내에 신도 석각을 설치하였으나 아쉽게도 지금은 아무것도 남아 있지 않다. 영하(寧夏) 은천(銀川)의 서하 왕릉에서는 석각이 놓여 있던 자리만 발견되었는데 이를 조사해 보면 각 황릉에는 30여 개씩의 석각이 놓여 있었던 것으로 추측된다.

명청 능묘 석각

황제릉 앞에 신도 석각을 설치하는 제도는 원나라 때 잠시 중단

* **望柱**: 무덤 앞에 세우는 한 쌍의 돌기둥

명13릉 신도의 석조 무장(石雕武將)

명효릉(明孝陵)의 신도 석각

되었으나 주원장(朱元璋)이 명나라를 세우자마자 곧바로 부활하였다. 1369년 주원장은 부모를 위해 안휘(安徽) 봉양(風陽)에 능묘, 즉 명황릉을 만들 때 신도 석각을 설치하였다. 현재까지 보존되어 내려오는 명릉 석각으로는 안휘봉양 명황릉(明皇陵), 강소 우이의 명조릉(明祖陵), 남경(南京)의 명효릉(明孝陵), 북경의 명 13릉(明十三陵) 등 네 곳이다. 명릉 석각에 등장하는 인물과 동물은 사실적인 생동감에 중점을 두기보다는 정형화된 형식을 추구하였다. 이러한 일률적인 자태는 단조롭고 엄숙한 느낌을 주면서 다른 측면에서 보자면 명나라가 중앙 집권 통치를 강화하던 시대의 특징을 반영하고 있기도 하다.

청나라의 황릉 역시 명릉의 전통을 따라 신도 석각을 설치하였는데 단지 문무백관들의 복식만 청 왕조의 복식으로 바뀌었을 뿐이다. 청나라가 멸망하면서 중국의 황제 제도는 종말을 고하였는데 원세개가 한때 복벽을 시도하였으나 실패했다. 그의 묘소는 하남 안양시에 있는데 묘 앞에 일련의 신도 석각이 있기는 하지만 석인들은 당시의 군복을 입고 키가 작으며 뚱뚱하고 초라한 모습을 하고 있다. 이는 중국 능묘 석각 역사의 맨 마지막 장에 흠집을 낸 것이라 하겠다.

1| **남북조**(南北朝, 420~589): 한족이 세운 남조와 유목 민족이 세운 북조가 대립하다가 수나라가 통일할 때까지의 시기를 말한다. 이 시기 강남에는 송(宋), 제(齊), 양(梁), 진(陳)의 4개 왕조가 차례로 흥망했는데, 이것을 가리켜 남조(南朝)라고 불렀다. 또한 같은 건강(建康; 건업(建業)의 새이름)을 수도로 삼았던 삼국 시대의 오나라와 동진까지 합쳐 육조(六朝)라고 불러 이 시대를 육조 시대라고 부르기도 하였다.

2| **곽거병**(霍去病, B.C. 140~B.C. 117): 전한의 명장(名將). 무제 때에 숙부인 위청(衛青)과 함께 흉노 토벌에 큰 공을 세웠다.

3| **송**(宋, 420~479): 남북조 시대 강남에서 건국된 남조 첫 번째 왕조이다. 조광윤(趙匡胤)이 세운 송나라와 구별하기 위해, 창시자의 성씨를 따라 유송(劉宋)이라 부르기도 한다.

4| **제**(齊, 479~502): 중국 남북조 시대 강남에서 건국된 남조(南朝)의 두 번째 왕조이다. 북조(北朝)의 북제(北齊)와 춘추 시대 제와 구별하기 위해 남제(南齊) 혹은 창시자 소도성(蕭道成)의 성씨를 따라 소제(蕭齊)라고 부르기도 한다.

5| **양**(梁, 502~557): 남북조 시대 강남에 건국된 남조의 세 번째 왕조이다.

6| **진**(陳, 557~589): 남북조 시대 강남에 건국된 남조 최후의 왕조이다.

7| **장안**(長安): 현재의 서안

8| **이세민**(李世民, 599~649): 당나라의 제2대 황제 태종(626~649 재위). 당 고조 이연의 차남이다. 이름인 '세민'의 본래 뜻은 제세안민(濟世安民), 즉 세상을 구하고 백성을 편안케 하라는 뜻이다. 그는 실제로 뛰어난 장군이자, 정치가, 전략가, 그리고 서예가이기까지 했으며, 중국 역대 황제 중 최고의 성군으로 불리어 청나라의 강희제와도 줄곧 비교된다. 그가 다스린 시대를 '정관의 치'라 하였다.

9| **이치**(李治, 628~683): 당나라의 제3대 황제 당 고종(650~683 재위). 태종 이세민의 9남이다. 모친은 문덕 황후 장손씨이며, 자는 위선(爲善)이다.

10| **측천무후**(則天武后, 684~704): 중국 유일의 여성 황제(684~705 재위). 당나라 고종의 황후였던 그녀는 고종이 사망한 뒤 태후(太后)의 신분으로 넷째 아들 예종을 대신하여 섭정을 시작하였고, 684년에 황제를 폐위하고 스스로 황제의 자리에 올랐다. 바야흐로 중국의 역사상 처음으로 여황제가 탄생하는 순간이었다. 690년에는 국호를 당(唐)에서 주(周)로 바꾸고 20년간 중국을 통치하였다.

11| **북송**(北宋, 960~1127): 조광윤이 오대 최후의 왕조 후주에게서 선양을 받아 개봉을 도읍으로 세운 나라이다. 국호는 송이었으나, 금나라에 의해 개봉에서 쫓겨나 남하한 뒤에는 남송과 구별하여 북송이라 불리었다. 남송과 더불어 송, 송조(宋朝)라고 한다.

제6장 • 묘실 벽화(墓室壁畵)

* 陰線刻: 선을 따라 'V'자형으로 새기는 기법

중국 고대의 대형 석조가 일반적으로 제왕과 귀족들의 능침 주변에 만들어놓은 사치품이라 한다면 화상석, 화상전, 묘실 벽화 등은 향신 계층 이상 사람들의 묘실 내부에 있던 아름다운 장식품이었다.

한화상석(漢畵像石)

한화상석 동방천신(東方天神) 구망(句芒). 섬서 신목(神木) 대보당(大保當) 동한묘(東漢墓) 출토

한대의 화상석은 묘실 벽에 장식된 독특한 예술로 '석각 벽화(石刻壁畵)'라고도 하는데 전한 말기부터 등장하여 후한까지 쭉 유행하였다. 왕공 귀족들은 세력이 점점 커지면서 호화로운 장례식을 선호하기 시작하였는데 묘 안에 단순히 필묵으로 그림을 그리는 것에 만족하지 못하고 회화에 조각을 접목하는 기법이 생겨나게 되었다. 이 기법은 훨씬 더 세심한 작업이 요구되었지만 작품을 오랫동안 보존할 수 있었다.

한화상석을 제작할 때는 특수한 기술을 가진 석공('사(師)'라 부름)과 화공('화사(畵師)'라 부름)이 함께 작업을 하는데 화공이 먼저 잘 다듬은 석재(일반적으로 편평한 석재가 대부분) 위에 밑그림을 그리면 석공이 그 선을 따라 조각하고 다듬는 방식이다. 조각 기법으로는 세 가지가 있는데 첫 번째는 음선각(陰線刻)*으로 최초의 화상석에 사용된 기법인데 단순한 선으로만 사람과 사물을 조각한 것이다. 두 번째는 감저양각으로 윤곽을 따라 그 바깥쪽 주변을 파내어 그림 부분을 튀어나오게 하는 것으로 그림 자체에는 음선으로 세세한 부분을 다시 묘사하였다. 문양 주변을 파낼 때는 매끄럽게 다듬는 경우도 있지만 울퉁불퉁해져서 파낸 자국이 남아 있는 경우도 있다. 세 번째는 부조(浮雕)로서 튀어나온 그림 부분이 평면이 아니라 굴곡이 있어 부조 효과를 내주는 것을 말한다. 석공이 조각한 다음에 화공이 다시 채색하는데 이 때문에 한화상석에서 보이는 전체적인 예술 효과는 석각이라기보다 회화에 더 가깝다.

한화상석. 강소 서주(徐州) 동산한묘(銅山漢墓) 출토

대부분의 사람들은 화상석을 탁본(拓本)*으로만 보아왔기 때문에 단지 흑과 백의 두 가지 색만 있는 줄 알지만 사실은 전혀 그렇지 않다. 산동(山東) 창산(蒼山) 화상석묘에서 발견된 명문을 보면 당시 사람들은 이것을 조각이라 부르지 않고 '그림(畵)'이라고 불렀다는 것을 알 수 있다. 오늘날 미술사 연구에서 화상석을 어떻게 분류할 것인가에 관해 견해가 분분하다. 어떤 사람은 재료가 돌이고 기본 기법이 날카로운 공구로 조각한 것이기 때문에 이를 부조 작품으로 보아야 한다고 하고, 어떤 사람은 이것이 부조와는 전혀 다르게 사실상 벽화의 역할을 하기 때문에 특수한 벽화로 보아야 한다고 주장한다. 그러나 어떤 주장이 맞건 현재 우리가 쓰고 있는 '화상석'이라는 명칭이야말로 비교적 정확하고도 상징적으로 그 예술적 특징을 반영하고 있다고 하겠다.

한화상석이 유행하던 지역은 주로 하남 남부, 호북 북부, 강소 북부, 안휘 북부와 산서 서북 일대이며 사천과 운남 북부에서도 발견되기는 하지만 이 두 지역에서는 화상 석관(畵像石棺)이나 애묘(崖墓)**의 부조가 훨씬 많이 보인다.

한화상석의 내용은 대부분 묘주의 일상생활, 사회 활동과 이를 유지하기 위한 생산 활동 등으로 이루어진다. 일상생활을 묘사한 것으

* **拓本**: 비석 위에 새겨진 그림을 종이로 옮기는 방법

** **崖墓**: 낭떠러지에 있는 동굴이나 바위의 그늘을 이용하여 만든 무덤

로는 마차를 타고 행차를 나가거나, 송영(送迎)과 배알(拜謁), 일상생활과 연회, 가무백희(歌舞百戲), 누각과 주택, 주방의 시종 등이 보인다. 경제 활동을 보여주는 것으로는 방직, 제철(製鐵), 양주(釀酒) 등이 있고 원시 숭배와 관련된 것으로 여와(女媧)가 돌을 다듬어 구멍 난 하늘을 메우고 흙으로 사람을 빚었다는 고사와 고대의 제왕인 복희(伏羲) 등이 보인다. 신령을 소재로 한 것으로는 천상을 관장하는 여러 천신인 동왕공(東王公), 서왕모(西王母)와 사방을 호령하는 신령 등이 있다. 이러한 석각 화상들은 벽화와 마찬가지로 묘실 벽을 장식하고 있는데 죽은 이가 생전에 누렸던 높은 지위와 사치스러운 생활, 선인(仙人)과 귀신에 대한 숭배를 생생하게 보여주고 있으며 죽은 후에도 사치스러운 생활과 승천해서 신선이 되고자 하는 그들의 염원을 표현하였다.

후한 이후에 들어서는 유가(儒家)가 전체 사회의 윤리 도덕을 주도하여 화상석에도 유가 사상을 바탕으로 한 경사고사(經史故事)가 많이 등장한다. 예를 들어 주공보성왕(周公輔成王)*, 이도살삼사(二桃殺三士)**, 형가자진왕(荊軻刺秦王)*** 등과 효자 열녀(孝子烈女)의 고사가 다수 등장한다.

한화상석의 인물들은 대개 옆모습만 묘사되었고 정면이 보이는 것은 극소수이다. 때문에 탁본을 뜨면 실루엣만 보이며 구도는 일반적으로 표현하고자 하는 그림을 완전히 수평적인 시각으로 배열하였는데 원근을 구분하지 않고 긴 폭의 화면에 옆으로 쭉 그려놓았다. 그리고 석판 면을 몇 개의 칸으로 구분하였는데 각 칸 속의 그림은 한 단위를 이루며 주제도 서로 다르다. 어떤 석판은 아래위로 7개의 칸으로 나뉜 것도 있다. 이 밖에 어떤 그림은 조감도(鳥瞰圖)의 구도를 사용하여 저 멀리까지 뻗어 있는 수많은 풍경을 한 화면에 담아놓기도 하였다. 밑그림을 그릴 때 그리고자 하는 내용을 아래로부터 위쪽으로 화면이 꽉 차게 그리는데 근경(近景)은 아래에 원경(遠境)은 위쪽에 그려놓아 그림의 상하 관계가 바로 원근 관계가 된다. 이러한 구도

* **周公輔成王**: 서주 문왕의 아들 희단(姬旦)이 그의 형 주무왕을 도와 상나라를 멸망시켰는데 무왕의 아들인 성왕이 어린 나이에 왕이 되었다. 이에 주공단이 섭정을 하여 반란을 종식시키고 예의전장(禮儀典章) 제도를 확립하였으며 어진 마음과 행동으로 전심전력을 다해 어린 군주를 보좌하였다.

** **二桃殺三士**: 전국 시대 제나라에 세 명의 장사가 있어 자신의 힘을 믿고 오만하게 설치자 모사(謀士)인 안자(晏子)가 제경공(齊景公)을 위해 꾀를 내었는데 세 명의 장사에게 힘겨루기를 하여 이긴 자에게 두 개의 복숭아를 준다고 하여 결국 세 명이 서로 싸우다 죽게 한 이야기이다.

*** **荊軻刺秦王**: 의사(義士)인 형가가 진나라에 멸망당한 연나라의 왕에게 은혜를 갚기 위해 죽음을 각오하고 진시황을 암살 기도한 것이다.

는 높고 넓은 건축물이나 차마의장(車馬儀仗)을 묘사할 때 사용되었다.

* 忍冬: 식물의 일종으로 금은화(金銀花)라고도 한다.

북조 묘실 벽화

남북조 시대에 비교적 큰 묘장(墓葬)은 한대의 전통을 계승하였으며 대개 채색 벽화(彩色壁畵)가 있었다.

북조의 벽화묘는 북방의 하남, 하북, 산동, 산서, 영하 등 여러 곳에서 발견되며 그중 하북, 산동, 산서 지역에서 출토되는 것이 가장 대표적이다. 최근에 발견된 하북 자현(磁縣) 만장대묘(灣漳大墓)는 북제 황제의 것으로 추정되며 규모가 매우 커 총 37m에 달하는 묘도(墓道)의 양 벽면에 웅장하고 선명한 색채의 벽화가 가득 그려져 있다. 전체 구도는 네 부분으로 짜여 있는데 첫 번째는 거대한 용과 호랑이를 맨 앞에 두어 청룡과 백호가 묘의 바깥쪽을 향해 있고 구름과 인동(忍冬)*, 봉황과 신수도 같이 있다. 두 번째는 묘도 양측 중앙에 그려진 출행의장(出行儀仗)과 묘도 바닥에 그려진 연꽃 등의 꽃무늬로서 이는 꽃을 수놓은 양탄자를 본뜬 것이다. 세 번째는 묘문 바로 위쪽에 그려진 주작(朱雀)과 양측의 신수 등의 문양, 그리고 문 양옆에 그려진 문지기이다. 네 번째는 묘도 양측 벽에 그려진 시위인상(侍衛人像)이다. 이 시기의 묘실 벽화는 여전히 전통적 규범에 충실하여 정벽(正壁, 후벽(後壁))에는 묘주인상과 옆에 도열한 시종 무사를, 측벽에는 출행하는 우마차나 남녀 시종을, 천장에는 천상(天象)을, 묘벽 윗부분의 사방에는 각각 동방의 신 청룡(青龍), 서방의 신 백호(白虎), 남방의 신 주작(朱雀), 북방의 신 현무(玄武)의 사신상(四神像)을 그려 넣었다.

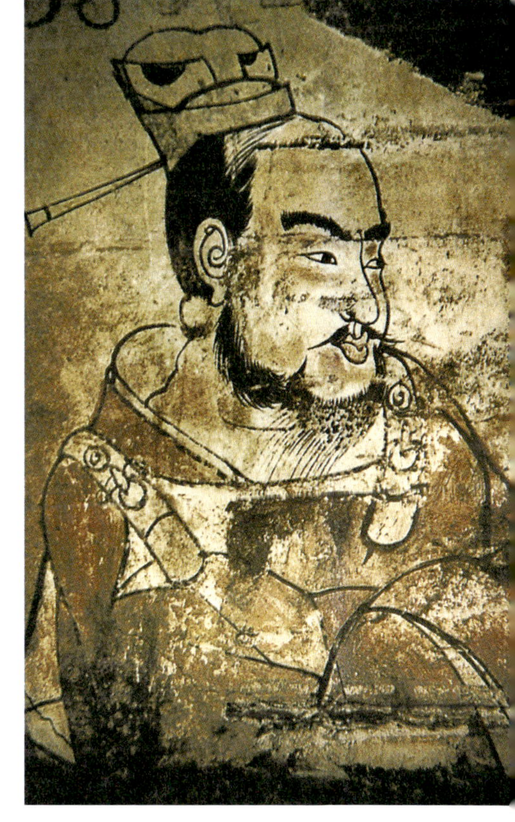

북제(北齊)의 누예묘(婁叡墓) 벽화 〈문리도(門吏圖)〉

상 북제의 최분묘(崔芬墓) 벽화 〈출행도(出行圖)〉

하 북제의 최분묘 벽화 〈현무도(玄武圖)〉

산서 태원(太原) 부근에서 출토된 북제 귀족 누예묘(婁叡墓)의 묘도 벽화에는 묘주가 출행하고 귀환하는 장면이 그려져 있는데 수많은 인마(人馬)와 깃발이 휘날리는 모습이 매우 역동적이고 생동감 넘치며 수준 높은 구도와 백묘법(白描法)*을 보여주어 당시 단청(丹靑)**의 고수가 그린 것으로 추정된다.

이 시기에는 그 밖에도 우수한 작품이 꽤 많은데 산동 임구(臨朐)에 있는 북제(北齊) 시기 최분묘(崔芬墓)의 묘실 벽화가 그 예이다. 묘실 네 벽에는 채색도가 가득 그려져 있고 보존 상태도 매우 좋다. 가장 눈에 뜨이는 것은 서쪽 벽에 그려진 묘주 부부의 출행도이다. 남녀 주인은 큰 옷과 넓은 띠, 높은 관과 큰 신발을 착용하고 두 팔을 벌리고 있으며 수많은 시종들에 둘러싸여 천천히 움직이고 있다. 그 형태와 구도는 불후의 명작인 〈낙신부도(洛神賦圖)〉***의 왕이 출행하는 장면과 매우 흡사하다. 이 밖에도 청룡, 백호, 주작, 현무의 사신상과 나무 아래서 술을 기울이는 고사(高士)가 그려져 있다. 그 독특한 구도와 표현 기법은 남방 화풍의 영향을 명확히 보여준다.

남조 병양 전화

강남 일대는 기후가 습윤하고 지하에는 습기가 많아 전벽(磚壁) 회화가 보존될 수 없었기 때문에 이를 대신하여 전조화(磚雕畵)를 제작하였다. 그림이 커서 하나의 벽돌에 표현할 수 없을 때는 여러 개의 벽돌을 겹쳐서 만들었는데 이것이 바로 특수한 벽화의 일종인 병양

---

* **白描法**: 대상의 형태를 윤곽선만으로 표현하는 기법

** **丹靑**: 건축물에 여러 가지 빛깔로 그림이나 무늬를 그리는 것

*** **〈洛神賦圖〉**: 동진의 고개(顧愷) 작품

전화(拼鑲磚畵)이다. 남조의 병양 전화묘는 강소 남경(南京)과 단양(丹陽) 일대 여러 곳에서 발견된다.

병양 전화를 만들 때는 먼저 밑그림을 그리고 화면을 분할하여 벽돌 모형틀을 만들고 이를 찍어 구워낸 후에는 묘실 내에 원래 그림대로 끼워 맞춰 넣는다. 먼저 분할한 후에 다시 맞춰 넣기 때문에 병양 전화의 화면은 약간씩 크기가 달라 처음에는 보통 두세 개 정도의 벽돌에만 그림을 그렸으나 나중에는 100여 개의 벽돌에 한 폭의 그림을 그려 넣는 데까지 발전하였다.

현재까지 알려진 가장 이른 시기의 병양 전화는 강소 남경 만수촌(萬壽村) 부근의 고묘(古墓)에서 발견된 것으로 동진(東晉) 영화(永和) 4년(348)의 것이다. 그중에는 두 개의 벽돌을 아래위로 붙여 만든 그림이 있는데 오른쪽으로 움직이고 있는 용을 그렸다. 아래쪽 벽돌에는 용의 몸과 사지를, 위쪽 벽돌의 앞부분에는 목과 머리를, 뒷부분에는 위로 치켜 올라간 꼬리를 새겨놓았으며 그 가운데에는 예서로 '용(龍)'자가 새겨져 있다. 이를 만들기 위해서는 먼저 용의 그림을 그리고 가운데를 횡으로 둘로 쪼개어 각각의 벽돌에 구웠을 것이다. 또한

사자 병양 전화(拼鑲磚畵), 강소 단양 남조묘(南朝墓) 출토

3개의 벽돌을 이음새가 '정(丁)'자 모양이 되도록 붙여 만든 것도 있는데 맹호(猛虎)가 새겨져 있다. 맹호는 목을 쳐들고 웅크리고 앉아 고개를 돌려 포효할 것 같은 자세를 하고 있어 사납고 용맹한 모습을 보여주며 간결한 구도를 갖고 있다. 화면의 네 귀퉁이에는 예서(隸書)로 '호소악산(虎嘯丘山)'이라 새겨져 있다.

이 두 폭의 병양 전화는 비록 크기가 작고 벽돌도 두세 개밖에 사용하지 않았지만 육조 시대 회화의 진면목을 이해하는 데 새로운 시각을 제공해준다. 틀을 사용해 찍어낸 병양 전화는 선의 사용이 두드러지는데 용과 호랑이의 주요 윤곽뿐 아니라 호랑이 몸에 난 반점과 용, 호랑이의 눈과 귀 등 세부적인 부분까지도 모두 선으로 명확히 표현하였다. 순수하게 선만 사용하여 표현하는 기법은 중국 고대 회화에서 특징적으로 돋보이는 선의 사용 기법과도 일맥상통한다. 병양 전화가 점점 여러 개의 대형 벽돌을 사용하여 인물의 모습을 표현하면서부터 선의 중요성이 대두되었는데 이로 인해 당시 회화를 비교적으로 사실적으로 표현할 수 있게 되었다.

동진(東晉) 말에서 남조 초기까지는 병양 전화가 왕공 귀족의 묘실 벽을 장식하는 주요 수단이 되면서 큰 발전이 있었다. 한 폭의 화면을 구성하는 벽돌은 두세 개에서 수십 개 심지어 100개에 달할 정

죽림칠현과 영계기 병양 전화. 강소 남경 서선교(西善橋) 남조묘(南朝墓) 출토

도로 숫자가 늘어났고 심지어 150개 이상의 벽돌을 사용하여 화면의 길이가 총 2m를 넘는 것도 등장하였다. 현재 발견된 남조대묘(南朝大墓) 중 병양 전화가 존재하는 곳은 최소한 다섯 곳으로 고증에 따르면 이 묘들은 대부분 남조의 제(齊)나라와 진(陳)나라의 제왕 능묘인 것으로 밝혀졌다.

그중 강소 남경의 서신교(西善橋)에서 발견된 죽림칠현(竹林七賢)과 영계기(榮啓期)의 그림은 보존 상태도 매우 좋으며 예술적 수준도 최상급이다. 영계기는 춘추 시대의 유명한 은사(隱士)이며 죽림칠현은 위진 시대의 유명한 7명의 문인을 가리킨다. 이들은 벼슬을 멸시하고 개성과 자유를 추구하여 종종 숲 속에 모여 술을 마시고 시를 짓곤 했다. 이 작품은 2개의 화면으로 나뉘어 묘실의 양쪽 벽에 나란히 붙어 있다. 각 화면의 폭은 2.4m로 네 사람씩 그려져 있으며 각 인물 옆에는 이름이 새겨져 있다. 한쪽에는 죽림칠현 중의 왕융(王戎), 산도(山濤), 완적(阮籍), 혜강(嵇康)이, 다른 쪽에는 향수(向秀), 유령(劉伶), 완함(阮咸), 영계기(榮啓期)가 있다. 인물들은 모두 앉아 있으며 인물 사이마다 나무가 있어 한 사람씩 구분해 준다. 때문에 인물들은 서로 연결되지 않으며 각각의 화면이 하나의 작품을 이루고 있다. 이러한 분할 구도는 한대 화상석의 영향을 명확히 보여주고 있으나 한대에

일반적으로 쓰이던 가장자리의 틀을 없애고 나무로 대신하였다. 또한 나무의 종류도 전부 틀려 회화나무, 버드나무, 은행나무 등이 있고 위치도 서로 다르게 하여 단조로움을 피하였다.

북조에서 수나라까지의 석관 부조(石棺浮雕)와 선각화(線刻畵)

한나라에서 당나라까지의 시기 동안 묘실 벽에 조각된 석화상(石畵像) 외에도 특히 주목해야 할 것이 장례 용구인 관곽(棺槨)의 장식이다. 고고학적 연구에 따르면 당시 어느 정도 지위가 있던 사람들은 대부분 목재 관곽에 채색 그림을 그렸는데 단지 연대가 오래된 관계로 목관이 발견될 때는 이미 부패되어 현재까지 보존된 사례가 많지 않은 것뿐이다. 북조 이후에는 부조, 선각과 채색화가 그려져 있는 석곽이 출현하였는데 장식이 화려하고 보존 상태도 좋다. 이 석관들은 형태가 여러 가지 있는데 전통적인 관곽의 형태가 있는가 하면, 목가구 구조의 집을 본뜬 모양, 병풍에 둘러싸인 평상 모양의 것도 있다.

산서 대동(大同)의 북위(北魏)[2] 사마금용묘(司馬金龍墓)의 석관상(石棺床)은 엷은 회색을 띠는 6개의 세사암석(細砂岩石)판으로 이루어졌는데 그중 한 면에는 세 개의 침대 다리가 조각되어 있고 침대 다리에는 고부조(高浮雕)로 침대를 받치고 있는 역사(力士)가 묘사되어 있다. 침대 다리 사이에는 궁궐로 들어가는 큰 길의 모습이 물결무늬 모양으로 표현되어 있는데 여기엔 인동초 문양이 서로 얽혀 테두리와 바탕을 장식하고 있으며 그 중앙으로 무희(舞姬), 용, 호랑이, 봉황, 금시조, 인두조(人頭鳥) 등의 모습이 보인다. 조각이 정교하고 세밀하며 선이 유려하다. 조형도 생동감이 넘치며 인물들은 동시대 운강 석굴의 인물 조각과 특징이 매우 흡사하다.

하남 낙양 지역의 북조묘(北朝墓) 중에도 석관을 사용한 경우가 있다. 전해지는 말로는 예전에 낙양에서 도굴되어 없어진 석관이 최소

수나라의 우홍 묘(虞弘墓) 석관 부조 〈호인기사도(胡人騎射圖)〉

한 10개 이상이라고 하는데 그중에는 정교하게 선조화(線雕畵)가 새겨진 것도 몇 개 있었다고 한다. 현재 미국 캔자스에 있는 넬슨 아킨스(Nelson-Atkins) 예술 박물관에 소장된 한 석관은 양 측면에 효자 관련 고사가 정교하게 조각되어 있다. 각 면은 각각 세 개씩의 칸으로 나누어져 있고 각 칸은 하나에서 세 개까지의 화면으로 구성되어 고사의 내용을 표현하였다. 각 칸의 사이에는 나무와 산석(山石)을 그려 구분해 놓았고 구도의 형식이나 인물의 스타일은 남조 회화의 영향을 많이 받았다.

북제와 북주(北周)[3]의 묘장에서도 석관 선조화(石棺線雕畵)와 관을 둘러싼 석병 조각(石屛雕刻)이 발견된다. 북제의 석관 선조화는 산동 청주(青州)에서 발견되는데 그 내용은 말을 타고 출행하는 것, 우마차, 물품을 실은 낙타 등이 있으며 주인에게 보물을 봉헌하는 장면도 있다. 그러나 안타깝게도 묘가 일찍이 파괴되어 석관이 여기저기 흩어져 완전한 모습을 볼 수가 없다. 북주묘에 있는 석병 조각은 2000년 섬서 서안 항저채촌(炕底寨村)에서 발견되었는데 묘주의 이름은 안가(安伽)로 이는 중앙아시아 '소무구성(昭武九姓)*' 중 안국인(安國人)**으로 추정되는데 대상(大象) 원년(579)에 죽었다. 묘실에 놓인 석관상은

* **昭武九姓**: 수당 시기에 중앙아시아의 아무다리아 강, 시르다리아 강 유역에 있던 9개의 소국을 일컫던 말

** **安國人**: 부하라국. 부하라는 사마르칸트의 서쪽에 있으며 한때 거대한 실크로드의 중심지였다. 약 2500년의 역사를 가진 중앙아시아의 이슬람 국이다.

11개의 청석(青石)으로 이루어진 돌 병풍(石屛)으로 둘러싸여 있는데 병풍의 각 폭마다 부조 도상이 새겨져 있고 위아래 두 부분으로 나누어졌다. 주로 출행, 수렵, 연회, 가무 등의 내용으로 구성되어 있고 도상(圖像)에는 채색 금박이 되어 있어 출토될 당시에도 선명한 색채를 띠고 있었다. 과거에 발견된 적이 없었던 이러한 작품은 북주 예술의 정수를 보여준다고 할 수 있다.

1999년 산서 태원(太原)에서는 목구조의 전당(殿堂) 형태를 본뜬 수나라 때의 석관이 발견되었는데 묘주는 중국으로 건너와 살던 중앙아시아 '어국(魚國)*' 사람인 우홍(虞弘)으로 수나라 개황(開皇) 12년(592)에 묻혔다. 석관의 형태는 팔작지붕**에 세 칸으로 된 중국의 전당(殿堂) 건축 양식을 모방했으나 관 벽 내외의 부조 도상을 보면 구도부터 인물 모습까지 이국적 풍채가 확연히 드러난다. 특히 대부분 도상들은 고대 이란 사산 왕조의 예술적 특징을 보여주고 있다. 예를 들어 정벽(正壁)에 그려진 연회도를 보면 남자 주인은 사산 왕조의 복식을 입고 있으며 관 받침대에 조각된 두 마리의 인면신수(人面神鳥)가 받들고 있는 불의 제단은 조로아스터교의 상징이다. 이 묘의 석관 부조 도상에는 처음에 칠했던 색깔이나 금박이 완전하게 보존되어 있어 보기 드문 수 왕조 시기의 채색 금박 석조 예술의 정수이다.

우홍묘(虞弘墓)와 안가묘(安伽墓) 안의 석관은 북조부터 수나라까지의 기간 동안 중국에서 거주하던 중앙아시아 사람들의 생활과 그들이 믿는 조로아스터교가 중국에 어떻게 전파되었는가 하는 과정을 보여주고 있어 해외 문화 교류 연구에도 중요한 실물 사료가 된다.

* **魚國**: 아직까지 학자들은 어국의 구체적인 위치를 밝혀내지 못했다.

** 합각지붕이라고도 하며, 위 절반은 박공지붕으로 되어 있고 아래 절반은 네모꼴로 된 지붕이다.

당대 묘실 벽화

벽화는 당대의 회화에서 극히 중요한 위치를 차지한다. 저명한 화가인 오도자(吳道子)를 비롯한 수많은 화가들은 주로 궁전과 사원의 벽화를 그렸는데 장안과 낙양 두 수도에 있는 궁전과 사원만 하더라도 오도자 한 사람이 그린 벽화가 300여 개가 넘는다고 한다. 하지만 당대의 궁전 사원은 남아 있는 것이 거의 없는데 다행히 당시 지하 묘실에 그렸던 벽화 중에 몇몇 개가 보존되어 있다. 이 묘실 벽화들은 비록 명인들의 작품은 아닐지라도 상당한 수준을 보여주고 있으며 특히 도성 장안 근처의 황실 능묘 안에 있는 벽화는 분명 당시 유명한 장인들의 작품으로 파악된다. 이들은 당시 사회의 풍속과 유행하던 화풍을 보여주고 있어 오늘날 당대 벽화를 연구하는 데 소중한 자료가 된다.

당묘 벽화 중 예술적 수준이 가장 높은 것으로는 황자(皇子)와 공주묘의 벽화를 꼽을 수 있다. 대표적인 예로 당 중종의 장자(長子)인 의덕 태자(懿德太子) 이중윤(李重潤) 묘, 딸인 영태 공주(永泰公主) 이선혜(李仙蕙)의 묘와 여황제 측천무후의 둘째 아들인 장부 태자(章懷太子) 이현(李賢)의 묘가 있다. 특히 이중윤의 묘는 황제의 능침을 본떠 만들어 "능으로 부를 정도로(號墓爲陵)" 다른 묘들보다 규격이 훨씬 크다. 이 묘실 내의 벽화는 모두 당시 황실의 화가들이 그린 것으로 모두 정교하고 화려한 아름다움을 자랑한다. 하지만 서로 다른 화가가 그렸기 때문에 각각 나름대로의 스타일을 보여주고 있는데 장부 태자 이현묘의 벽화는 선이 굵고 거칠며 비교적 간결하게 표현되어 있는 반면 의덕 태자 이중윤묘의 벽화는 좀 더 정교하고 세밀하여 선이 촘촘한데 문궐도(門

당나라의 설경묘(薛儆墓) 석곽 선각(石椁線刻) 〈염화사녀도(拈花仕女圖)〉

당나라의 영태 공주묘(永泰公主墓) 벽화 〈시녀도(侍女圖)〉

闕圖)에는 계화(界畵)* 기법이 사용되어 세부 묘사에 중점을 두었으며 출행하는 의장 행렬 장면은 성대하고도 위엄이 있다. 영태 공주 이선혜묘의 벽화는 최고의 기예(技藝)를 보여준다. 여기서 가장 주목을 끄는 것은 수많은 궁녀들의 모습으로 옷의 문양을 표현한 선이 자연스럽고 매끄러워 아름다운 자태를 보여주며 생동감이 넘친다.

이들 벽화는 두 가지 사항에 중점을 두었다. 하나는 죽은 이의 신분을 드러내는 의장(儀仗) 등이고 다른 하나는 궁 안에서 생활하던 남녀 시종들이다. 전자는 위풍당당한 기세를 강조하였고, 후자는 일상생활의 분위기를 물씬 풍기면서 인물 표현이 생동감 있고 섬세하다. 단신상(單身像)이나 군상(群像) 모두 당대 초상화의 정수를 보여준다. 그 외에도 묘도 양 측면에 그려진 거대한 청룡과 백호, 그리고 묘실

* **界畵**: 자를 이용하여 정밀하게 그리는 그림

천장에 있는 하늘을 상징하는 성상도(星象圖) 역시 시대적인 특징을 반영하고 있다.

송요 묘실 벽화

송요(宋遼)[4] 시대의 묘실 벽화도 매우 독특하다. 하남 공의(巩義)에 있는 북송 황릉은 아직 발굴되지는 않았으나 송 태종(太宗) 영희릉(永熙陵)에 같이 부장된 원덕효 황후(元德李皇后)의 지하 궁은 일찍이 도굴당했기 때문에 이를 수습하는 과정에서 목구조를 본떠 만든 지하 궁에는 곳곳에 채색이 되어 있었고 벽면에도 원래 벽화가 그려져 있었던 것으로 파악되었으나 아쉽게도 거의 떨어져 나가거나 흐릿해져 보이지 않고 오로지 천장에 있는 성상(星象)과 구름에 둘러싸인 궁실누각(宮室樓閣) 도상만 보일 뿐이다. 이로 미루어 송대 황릉 지하 궁에는 모두 정교하고 아름다운 벽화가 있었음을 알 수 있다.

북송 시대에 더욱 대표적인 것은 바로 평민의 묘장 벽화로 대개 일상생활과 관련된 내용이 많다. 예를 들어 하남 백사송묘(白沙宋墓)의 벽화가 대표적인데 죽은 이는 생전에 어떠한 관직도 역임하지 않았던 보통의 지주(地主)였다. 묘실 안은 벽돌을 사용하여 목가구 건축 형태로 만들어놓았는데 네 벽에 있는 채색 벽화는 죽은 이가 생전에 생활하던 모습을 다양하게 보여준다. 그중 1호묘 묘주의 이름은 조대옹(趙大翁)으로 북송 원부(元符) 2년(1099)에 묻혔다. 전실(前室) 벽화의 주제는 묘주 부부가 연회를 여는 장면으로 서쪽 벽화 속에는 부부가 의자에 앉아 마주보고 있으며 중간에는 먹을거리가 가득 담긴 높

요묘(遼墓) 목곽(木槨) 내벽 벽화 〈비연도(備宴圖)〉(요녕성 박물관 소장)

하북의 선화(宣化) 요묘(遼墓) 벽화 〈비마구도(備馬球圖)〉

은 탁자가 놓여 있고 뒤에는 각각 물결무늬의 병풍과 시종이 서 있다. 동쪽 벽에는 11명의 여자 무희들이 연회를 여는 부부를 위해 연주하고 있다. 후실(後室)의 벽화는 집안의 모습을 묘사하였는데 물건을 든 남녀 시종과 거울을 보며 관(冠)*을 고쳐 쓰는 부인의 모습이 있다. 묘실 앞 복도의 벽에는 식량 포대와 돈 꾸러미를 든 사람들이 그려져 있는데 물건과 돈을 주고받는 듯하다. 이 벽화들은 민간 화공들이 그린 것으로 뛰어난 기교는 없지만 비교적 사실적으로 평민들의 가정생활 풍경을 묘사하였으며 인물의 형태가 자연스러워 뛰어난 민간 예술 작품으로 꼽힌다.

북방에서 거란족이 세운 요나라 영토 내의 묘장에서도 채색 벽화가 성행하였는데 몇몇 벽화에는 민족적 특색이 강렬하게 드러나 있다. 요나라 황릉 중 내몽고 파림우기(巴林右旗)에 있는 경릉(慶陵)은 일찍이 도굴당하였는데 세 개의 능 안에 모두 벽화가 있고 그중 동릉

* **冠**: 사대부가의 여인들이 행사나 혼례 때 사용하던 여러 패물 장식이 있는 관을 말한다.

(東陵)의 벽화 자료가 아직 보존되어 있다. 실제 사람 크기와 같은 거란 복식과 한(漢) 복식을 입은 70여 명의 사람들 외에도 가장 눈에 띄는 것이 중실(中室)의 네 벽에 그려진 큰 폭의 산수 벽화이다. 이 그림은 각각 봄, 여름, 가을, 겨울의 사계절 풍광을 담고 있으며 산림과 조수(鳥獸)의 모습이 세밀하고도 생동감 있게 묘사되어 있는데 이는 요나라 황제가 계절마다 가던 '날발(捺鉢)*'의 경치인 듯하다. 일반 민중의 묘장 벽화로는 하북 선화(宣化) 요묘군(遼墓群)의 벽화가 대표적인데 내용은 대부분 사람들의 여러 가지 활동으로 거란식의 머리 모양을 하고 거란 복장을 한 요인(遼人), 한식 복장을 한 호위 무사와 시종, 출행하거나 귀환하는 차마 등이 보인다. 또한 연회를 준비하거나 차를 올리는 등 가정생활을 묘사한 그림도 있다. 회화 기법은 사실적이고 자연스럽다.

* **捺鉢**: 이는 거란어로 요나라 황제가 계절마다 출행하던 곳을 가리킨다.

원명청 묘실 벽화

원대에는 묘실 내에 벽화를 그리는 풍습이 민간에서 널리 유행하였는데 최근에 내몽고, 산서, 북경 등지에서 발굴된 수많은 원대 벽화묘(壁畫墓)를 보면 벽화의 소재는 대부분 사회생활이 주를 이루고 있으며 인물 특히 묘주인화상(墓主人畫像)은 모두 몽고의 복식을 입고 있다. 산수화나 24효고사(二十四孝故事)도 흔히 보이는 소재이다. 산서 대동(大同) 송가장(宋家庄)에 있는 원나라 2년(1336) 풍도진묘(馮道真墓) 벽화에 있는 2.7m에 달하는 거대한 수묵 산수화는 첩첩한 봉우리와 아름다운 경치를 뽐내는데 '소림만조(疏林晚照)'라는 제목이 붙어 있다. 고증에 의하면 이곳은 예전에 풍도진이 살던 옥룡동(玉龍洞) 칠봉산(七峰山)의 경치로 매우 진귀한 원대 벽화이다. 원대의 황제릉은 아직까지 제대로 발굴한 적이 없어 내부 구조나 장식에 대해 정확히 알 수는 없다.

명청 시대에 와서 벽화를 대신하여 간결한 대형 연석(緣石)이나 복잡하고 정교한 한백옥 조각(漢白玉雕刻)이 묘실 내부를 장식하는 주요한 형식이 되어 능묘 내부를 화려하고 아름답게 꾸며주었다.

1| **북제**(北齊, 550~577): 남북조 시대 한족화한 선비족 고씨(高氏)에 의해 건국한 왕조이다. 국호는 제이지만 남조의 제와 구별하기 위해 북제라고 불리었다.

2| **북위**(北魏, 386~534): 선비족(鮮卑族)이 중국 화북(華北) 지역에 세운 왕조. 중국의 제도와 관습을 많이 받아들여 국가 체제를 정비하였고 불교가 발달하였다.

3| **북주**(北周, 557~581): 남북조 시대에 선비족 우문씨(宇文氏)가 건국한 왕조이다. 국호는 '주(周)'이지만 B.C. 11세기의 주나라와 구별하기 위해 '북주'라 부른다.

4| **송요**(宋遼, 약 10~12세기): 송나라와 동시대의 거란족 왕조인 요나라를 함께 일컫는 말

제7장 • 석굴사(石窟寺)와 불교 조형 예술

불교의 기원은 고대 인도 북부와 갠지스 강 유역에서 시작된 것으로 B.C. 6세기 중엽에 석가모니가 창시한 종교이다. 불교는 대략 후한 시대에 중국에 들어와 위진 남북조 시대를 거치며 발전하였고 수당에 이르러 전성기를 맞이한다. 중국의 초창기 불교 석굴은 인도의 초기 불교 석굴의 영향을 직접적으로 받아 세워졌다.

석굴사 내부의 벽화와 진흙 조상(泥塑)

중국의 석굴사는 3세기부터 생겨나기 시작하여 5~8세기에 대대적으로 흥성하였고 16세기 이후 들어 쇠퇴하였다. 석굴사란 강변이나 산기슭에 지어져 승려나 신도들이 예배를 보고 수행하던 불교 도량으로 이와 동시에 생겨난 석굴사 예술은 석굴의 건축 형식과 조소, 벽화가 한데 어우러진 종합적인 예술이다.

병령사(炳靈寺) 석굴 169굴 북벽 벽화(北壁壁畵). 서진(西秦)[1] 작품

중국의 석굴사는 신강, 감숙, 섬서, 산서, 하남, 하북, 산동, 사천과 운남 등에 분포되어 있고 각지의 자연환경과 지어진 시대에 따라 다양한 예술적 특징을 보여준다.

신강 배성(拜城)의 키질 석굴과 감숙 돈황(敦煌)의 막고굴(莫高窟)은 서북 지역에서 가장 오래되고 규모가 크며 대표적인 석굴군이다. 편벽한 사막 지역에 지어진 관계로 석조가 쉽지 않아 주로 벽화와 그림, 흙으로 빚은 조상(雕像)이 대부분이다.

키질 석굴은 고대 서역의 구자(龜玆)국 경내에 있었는데 인도 불교 예술의 영향을 받아 벽화의 내용과 기법에 이국적인 분위기가 물씬 풍긴다. 동굴 건축인 키질 석굴은 예배를 보는 대상굴(大像窟)과 중

심주굴(中心柱窟), 그리고 승려들이 생활하는 승방굴(僧房窟)로 이루어진다. 예배용 굴의 평면(平面)은 방형 혹은 장방형이며 천장은 아치형이다. 앞쪽 벽에는 문과 창을 달아놓았고 뒤쪽 벽(正壁)에는 입상불이나 좌상불을 설치해 놓았다. 몇몇 굴에는 후실로 연결되는 통로가 있는데 후실에는 긴 대(臺)가 놓여 있고 그 위엔 열반에 든 와불상이 있다. 각 굴의 양측 벽면과 아치형 천장, 통로의 벽과 아치 천장, 그리고 후실의 모든 벽면에는 불교 벽화가 그려져 있다. 벽화의 내용은 석가모니의 본생담과 불교 고사가 주를 이루는데 백색, 석청(石青), 녹청색 등 차가운 색을 주로 사용하였으며 간간히 붉은색과 흙색 등 따뜻한 색을 배합하여 전체적인 기조가 간결하고 명쾌하다.

키질 석굴의 벽화에는 나체 그림이 매우 많이 등장하는데 특히 반라 혹은 전라의 남녀 무희들이 각각 쌍을 이루어 서로 엉켜 있어 마치 사랑을 나누는 연인들처럼 보인다. 이러한 나체 벽화는 인도 불교 예술과 밀접한 관계를 맺고 있다. 인도 불교 조각에서는 쌍쌍의 남녀가 나체로 서로 엉켜 있는 모습이 많이 보이는데 여성의 몸은 곡선이 매우 강조되어 유방과 둔부가 과장되게 두드러진 S라인을 보여준다. 이러한 자태는 키질 벽화에서 보이는 전형적인 모습이다.

키질 벽화의 또 다른 특징으로는 동굴 아치형 천장의 벽화가 마름모꼴을 기본 단위로 하여 사방으로 퍼져나가는 구도를 갖고 있다는 것이다. 이 마름모의 경계선은 사선이 아니고 산처럼 구불구불한 기복이 있는 곡선으로 불교 교의에서 '세계의 중심'이라 일컫는 석가모니가 있던 수미산(須彌山)을 상징한다. 각 마름모 안에는 불교 고사의 여러 장면들이 그려져 있다. 마름모는 파란색, 하얀색, 하늘색, 검정색이 엇갈려 배열되어 있고 명암과 색채가 서로 약간씩 다른데 전체적으로 옆으로는 전부 다른 색으로, 위아래로는 모두 같은 색으로 구성되어 있다. 이 때문에 시각적으로 일정한 리듬감을 주며 장식 효과도 뛰어나다.

당나라의 보살입상(菩薩立像). 높이 163cm

불교 문화는 신강에서 동쪽으로 퍼져나가 중국 최대의 사막인 타클라마칸 사막을 건너 실크로드의 주요 거점인 돈황으로 들어간다. 이곳에는 천불동(千佛洞)이라고도 하는 유명한 막고굴이 있는데 중국의 석굴사 중 진흙 조상(泥塑造像)과 벽화가 가장 많이 보존된 곳 중 하나이다. 현존하는 동굴만 492곳, 벽화의 전체 크기 45,000m², 채색 조상(彩色雕像)만 2,400여 점으로 실로 불교 예술의 보고라 할 수 있다. 1900년에 막고굴에서는 800여 년 동안 감추어져 있던 '장경동(藏經洞)'이 발견되었는데 여기에서는 8세기 전후의 고대 경서, 문서, 불화 등 진귀한 문물이 40,000여 건이나 출토되어 국제 학술계를 뒤흔들었다. 이후 전문적인 연구 작업이 본격적으로 전개되며 '돈황학(敦煌學)'이 탄생하게 되었다.

돈황 막고굴은 4세기 중엽부터 만들어지기 시작하여 5~8세기에 전성기를 맞이하였고 12세기 이후에는 점점 쇠락하였다. 이곳의 벽

돈황 막고굴 329굴 벽화와 채색 조상. 당나라 초기 작품

돈황 막고굴 194굴에 있는 당대의 채색 조소 보살. 얼굴이 둥글고 몸이 풍만하며 옷이 넉넉하고 머리는 쪽을 져서 올렸다. 얇고 가벼운 옷을 입고 있어 당시 사회의 심미적 특징을 반영한다.

화는 소량의 초기 작품에서만 키질 석굴 스타일의 서역 화풍이 남아 있는 것 빼고는 대다수 작품에서 새로운 스타일이 등장하였는데 이는 바로 중국의 전통 회화 기법과 불교 소재의 내용이 한데 결합된 것이었다. 불교가 중국에 들어온 후 중국 고유의 문화와 서로 섞여 점점 중국화되었기 때문으로 북위 시기의 돈황 벽화 중에는 신선 사상과 관련된 중국 전통 신화 소재가 많이 보인다. 예를 들어 승선차(乘仙車)나 천상에서 노니는 동왕공(東王公)과 서왕모(西王母), 천지와 인류를 만든 복희와 여와등 등을 볼 수 있다. 이들은 당시 중원 지역의 묘실 벽화에서 흔히 볼 수 있던 것들로 인도 불교에는 없는 내용들이다. 구도상에서도 예전에 불교 벽화처럼 하나의 고사를 독립적인 하나의 화면에 그려 넣던 방식에서 화면을 옆으로 쭉 이어 긴 화폭에 그리는 스타일로 대부분 바뀌었다. 각 불교 고사는 이야기의 순서대로 여러 폭의 화면에 쭉 이어서 그려졌다. 428굴에 있는 〈사신사호도(舍身飼虎圖)〉의 경우 총 11폭으로 되어 있다. 이러한 긴 폭의 벽화를 그릴 때는 동굴의 벽면을 상중하로 나누었는데 이는 중원에 있는 한화상석의 전형적인 구도와 흡사하다. 기법상으로 볼 때 돈황 벽화는 서역 벽화의 훈염법(暈染法)*과 선묘법(線描法)** 외에도 더욱 다양한 기법을 적용하여 훈염 효과가 더욱 유연하고 부드러워졌으며 선도 훨씬 자유분방하게 변하였다.

돈황 석굴의 채회이소(彩繪泥塑)는 비록 벽화처럼 화려하지는 않더라도 나름대로 뛰어난 특징을 보여준다. 초기의 조상(雕像)은 대부분 일불이보살(一佛二菩薩)의 삼신(三身) 조합 형태였으나 수당 이후에는 칠신(七身) 혹은 구신(九身)의 군상(群像)이 출현하였는데 각 인물마다 자세가 다르며 복식도 온화하고 화려하다. 특히 성당(盛唐) 이후에는 우수한 작품들이 쏟아져 나왔는데 가는 허리와 부드러운 손, 동그란 눈썹과 아름다운 눈을 가진 보살이나 용맹한 모습의 신장(神將) 같은 것들은 마치 살아 움직이는 실제 인물처럼 제작되었다. 이러한 조상

* **暈染法**: 움푹한 곳은 붓질을 거듭하여 어두운 느낌을 주고, 도드라진 부분은 붓질을 덜 하여 밝은 느낌을 주는 기법

** **線描法**: 묘사 대상의 윤곽을 선으로 그리고 그 가운데 색을 칠하는 기법

(造像)들의 형태나 모습은 모두 전형적인 중국인의 특징을 보여주는데 이는 나라 밖으로부터 전파된 불교가 이미 중국적인 불교로 바뀌었다는 것을 암시해 준다.

석굴 내부의 조상(雕像)

중국의 석굴 예술은 지역마다 독특한 특색을 띤다. 서북 지역의 키질 석굴이나 돈황 석굴이 중국 석굴 벽화와 이소(泥塑) 예술의 정수를 보여주었다면 중원 지역의 산서 운강, 하남 용문 등의 석굴들에서는 정교하고 아름다운 석조 예술이 꽃피우게 된다.

이러한 석굴은 대부분 북조(北朝)[2] 때부터 만들어진 것으로 강렬한 황실 경영 색채를 띠고 있어 몇몇 석굴에 조각된 불상은 당시 황제의 화신으로 여겨졌다는 특징을 갖고 있다. 예를 들어 운강의 유명한 '담요 5굴(曇曜五窟)'의 주불(主佛)은 불법을 흥성케 한 북위의 문성제(文成帝)와 관련이 있다. 문성제의 몸에는 몇 개의 검은 반점이 있었다

운강 석굴 제20굴 대불(大佛)

하남 낙양 용문 석굴의 봉선사(奉先寺) 비로자나불. 당대의 대표적인 조각 예술 중 하나이다.

고 하는데 담요 5굴 주불의 몸에도 역시 검은 반점이 보인다. 용문(龍門) 빈양동(賓陽洞)의 조상과 하남 공현(巩縣)의 석굴 조상은 북위의 효문제(孝文帝)와 선무제(宣武帝)가 직접 관여하여 만든 것으로 굴 내부에는 옆으로 길게 그려진 〈제후예불도(帝後禮佛圖)〉라는 부조가 있는데 효문제, 선무제와 후비들이 예불을 올리는 성대한 장면이 웅장하게 표현되어 있으며 매우 정교하고도 생동감 있다. 북제 업도(鄴都)[3] 부근의 향당산(響堂山) 석굴은 북제 왕조의 창시자인 고환(高歡)과 밀접한 관계를 가지고 있는데 고씨의 유골이 묻힌 '예굴(瘞窟)'이라고도 전해진다. 성당 시기에 지어진 용문(龍門) 봉선사(奉先寺) 비로자나 불상은 여황제였던 측천무후가 개인적으로 돈을 들여 완성한 것인데 사서(史書)에는 그녀가 "화장품 살 돈 20,000관을 내었다(助脂粉錢二萬貫)."고 적혀 있다. 이 불상은 단정하고 수려하며 귀족적인 자태를 갖고 있어 사람들은 측천무후의 화신이라고도 한다. 이러한 석굴들은 황실에서 직접 제작에 관여하여 인력과 물자를 최대한 투입하였고 최고의 장인들이 참여하였기 때문에 규모도 클 뿐 아니라 탁월한 예술적 수준을 보여주고 있다.

용문 극남동(極南洞)은 7세기 말에 조성되었으며 역사상(力士像)은 비록 훼손되었으나 당대 조각 예술품의 정수를 보여주기에 부족함이 없다.

운강 담요 5굴의 주불은 높이가 16.7m로 주불과 석굴 전벽 사이의 거리가 매우 가깝게 설계되어 예배하는 사람들이 반드시 위를 쳐다봐야 한다. 또한 천정이 초가집식(草堂式)으로 되어 있어 불상이 더욱 크고 높아 보이며 사람들은 스스로가 왜소해 보이게 되어 자연적으로 경외감이 들게 된다. 주불의 두 귀는 어깨까지

중경 대족(大足) 석굴 소불만 부조(小佛灣浮雕)

늘어져 있고 얼굴은 풍만하다. 또한 코는 오뚝하고 오른쪽 어깨에 걸친 가사에는 문양이 선명한데 그 형태와 조각 기법에는 이국적 색채가 농후하다.

용문 석굴은 운강 석굴보다 반세기 정도 늦게 만들어졌는데 불상의 모습에 중국의 전통적 특징이 드러나는 확연한 변화가 생겼다. 불상과 보살상은 단정하고 부드러워졌으며 좀 더 세속화되었는데 포의박대(褒衣博帶)*한 옷을 입고 있다. 이렇게 소매와 폭이 넓은 옷은 원래 남조의 한족 사대부들이 즐겨 입던 옷으로 운강 제2기 효문제 시대 불상에서부터 등장하기 시작하여 용문 석굴에서는 흔하게 볼 수 있다. 용문 석굴 불상 중 북위 이후의 것들은 체형이 날씬하고 옷에 화려한 문양이 있으며 인간적인 표정을 가지고 있어 수려하고 뛰어난 용모를 갖고 있다. 조각 기법 면에서는 운강 석굴의 직선적인 조각법을 탈피하여 둥글게 굴곡진 조각법으로 바뀌었으며 예술적인 면에서는 운강의 두텁고 거친 스타일에서 우아하고 단정한 모습으로 바뀌었다. 이러한 현격한 변화는 북위 효문제가 낙양으로 천도한 이후 개혁 정책을 추구하여 남조 문화를 흡수하면서 남조에서 유행하던 '청수하고 세련된' 스타일이 북방으로 들어와 중원 불교 예술의 주류를 이루었기 때문이다. 용문 석굴의 조각상들은 중국식 불교 석굴 예술이 형성되는 과정에서 전반기와 후반기를 이어주는 중요한 분기점이 된다.

북위 이후 석굴 조각이 또 한 번 크게 발전한 것은 북제 시기였다. 대표적인 작품들은 하북 한단(邯鄲) 향당산(響堂山)과 산서 태원(太原) 천룡산(天龍山)에 집중되어 있다. 고환(高歡), 고양(高洋)의 가문을 필두

* **褒衣博帶**: 몸통과 소매의 폭이 넓은 옷 허리에 넓은 띠를 두르는 한족의 옷

로 한 북제 통치자들은 20여 년간의 통치 기간 동안 불교를 국교로 받들고 승려를 국사(國師)로 임명하였다. 황제는 친히 제단을 쌓고 예불을 올렸을 뿐 아니라 후비(后妃)와 중신들도 모두 보살계를 받게 하여 불교의 규율을 엄격히 지키도록 하였다. 그들이 국력을 쏟아 부어 만든 향당산과 천룡산의 석굴은 장엄하고 화려하여 사서에는 "조각이 사람과 귀신을 놀라게 할 정도(雕刻駭動人鬼)"였다고 기록되어 있다. 이들 조각상들은 전체적인 스타일이 다시 한 번 바뀌어 운강 석굴처럼 웅장하거나 용문 석굴의 북위 말기 작품들처럼 수려하고 준수하지도 않은 풍만하고 세련된 특색을 보여준다. 조각상들은 실제와 흡사한 비례를 갖도록 신경 썼고 세부적인 부분도 자연스럽고 부드럽게 처리하여 당시의 점잖고 귀티 나는 귀족처럼 생겼다. 곳곳에 장식한 인동이나 복련(覆蓮)* 등의 식물도 꽃잎이 크고 무성한데 둥글고 자연스럽게 조각하여 석조 예술의 성숙미를 보여준다.

또한 향당산 석굴은 굴 앞에 지은 독특한 건축 장식으로도 유명하다. 굴 앞에는 처마 기둥을 가진 행랑이 있는데 행랑 위쪽에는 벽돌과 목구조를 본뜬 처마 기와, 도리와 서까래 등이 부조되어 있고 그 위쪽에는 인도의 스투파식의 불탑이 있다. 탑 주위에는 야생화와 파초잎(山花蕉叶) 문양이 장식되어 있고 정중앙엔 금시조(金翅鳥)가 있으며 인동과 화염보주(火焰寶珠)**로 이루어진 탑찰(塔刹)도 있어 흔히 말하는 '사리탑(塔廟)'식의 외관을 가지고 있으며 극히 정교하고 화려하다. 이러한 스타일은 중국 내의 다른 석굴에서는 극히 보기 드문 것으로 선명한 시대적 지역적 특징을 담고 있다.

여기서 중요한 것은 중국 석굴에는 벽화와 진흙 조상 외에도 모든 조각상과 무늬 장식을 포함한 석조 작품에는 원조(圓雕)이든 부조이든 원래는 모두 채색이 되어 있었다는 것이다. 단지 세월이 흐르면서 조각상들이 대부분 색이 벗겨져 원래의 석질(石質) 원색이 드러나게 되었고 소수의 조각에서만 원래의 화려한 색채가 남아 있을 뿐이다.

* **覆蓮**: 꽃부리가 아래로 향한 연꽃

** **火焰寶珠**: 위가 뾰족하고 좌우 양쪽과 위에서 불길이 타오르고 있는 형상으로 된 구슬 모양의 장식

남조의 제(齊) 영명(永明)
원년(483) 미륵불조상비

석조 조상(石雕造像)과 조상비(造像碑)

석굴사 예술과 함께 등장한 불교의 석조 예술품은 사원과 탑 안에 모셔져 있는데 이들은 붙박이가 아닌 석조 조상(石雕造像)이나 조상비(造像碑)를 가리킨다. 이들은 보통 원조나 부조로 되어 있으며 주로 청석(青石), 한백옥석(漢白玉石), 사암석(砂岩石) 등으로 만들었다.

석조 조상은 중국 북방과 남방에서 대량으로 출토된다. 북방에서는 하북 곡양(曲陽) 수덕사(修德寺)의 조상이 가장 많고 시대적 연속성도 뛰어나며 산동 청주(青州)의 북조 석조 조상은 예술적 측면에서 가장 아름답다. 남방에는 사천 성도(成都) 만불사(萬佛寺)의 조상이 수량도 가장 많고 유명하다. 대부분 석조 조상들은 버려진 사찰 유적이나 오래된 탑 밑에서 출토되었으며 발견될 당시에 가지런하게 차곡차곡 쌓여 있었는데 아마도 역사적으로 불교가 탄압될 때마다 불교도들이 몰래 매장해 놓은 듯하다.

하북 곡양 수덕사의 조상은 1950년대 초에 발견되었으며 총 2,200여 점으로 북위, 동위(東魏), 북제, 수(隋), 당, 오대 시기에 제작된 조상

좌 산동 청주 용흥사 보살 석조상. 북조 말기 작품

우 산동 청주 용흥사(龍興寺) 불조상. 북위 작품

들이 모두 있으며 그중 동위, 북제와 수나라의 작품이 주를 이룬다. 이들은 대부분 한백옥석으로 만들어진 소형의 원조 조상이다. 수덕사에서 대량의 석조상이 만들어진 이유는 첫째로 6세기 중엽에 하북 지방이 점차 북방 불교의 중심지가 되었다는 것이고 둘째는 현지에서 한백옥석이 풍부하게 생산되었기 때문이다. 수덕사에서 나온 북위의 석조 조상은 주로 미륵보살로 대부분 두 다리를 포개어 앉은 자세를 하고 있다. 동위의 조상에서는 미륵불이 줄고 관음상이 많아졌으며 북제 조상에는 아미타불과 무량수불이 보인다. 이러한 조상들은 각 시대별로 중국 불교 석조의 전형적인 스타일을 보여주고 있다. 예를 들어 동위 때는 북위의 딱딱하고 직선적인 기법을 버리고 부드럽고 유연한 기법을 사용하여 몸에 옷이 달라붙은 자상하고 친근한 부처와 보살이 등장한다. 북제의 석조 기법은 산뜻하고 세련된 스타일을 선호하여 부드럽고 풍만하며, 옷이 넉넉하고 옷의 문양도 간결하며 자연스러워졌는데 이는 당대의 풍만하고 건강미가 넘치며 생동감 있는 조각으로 이어지게 된다.

백석관음상(白石觀音像). 북주(北周) 시기로 추정. 섬서 서안 출토

1970~1990년대까지 산동 청주(靑州)에서는 정교하고 아름다운 북조의 불교 석조상들이 계속적으로 출토되었는데 특히 당대의 명찰인 용흥사(龍興寺) 유적에서는 지하 저장고가 발견되었다. 여기에서 북조 말기의 조상(造像) 400여 점과 부서진 조각 그리고 불두(佛頭)가 대량으로 출토되어 주목받았다. 이 조상들은 기년명(紀年銘)과 조형, 스타일에 따라 북위 말기, 동위 초기, 동위 말기와 북제의 몇 단계로 나눌 수 있다. 그중 북위 말기와 동위 초기의 것은 대부분 배 모양의 대형 광배(光背)에 한 명의 부처와 두 명의 보살이 함께 새겨진 조상이 많고 중원 사대부의 전통적인 포의박대식의 옷을 입고 있다. 동위 말기에서 북제까지의 조상은 명확한 변화를 보여주는데 단독(單獨)의 조상이 급증하였다는 것이다. 특히 북제의 조상은 주로 단독 입불이 많은데 얼굴은 둥

글고 풍만하며, 어깨가 넓고 허리와 몸은 가늘고 날씬하다. 몸 전체가 기둥처럼 둥근데 넓은 옷 대신 간결하고 몸에 착 달라붙은 엷은 옷을 입었다. 옷에는 주름이나 무늬가 없어 인체의 곡선이 드러나 보이는데 이것이 회화사에서 말하는 '출수(出水)*'의 자태이다. 몇몇 북제의 불상은 매끄러운 몸에 가사(袈裟)를 나타내는 격자무늬 테두리가 있는데 테두리 안에는 불교 윤회 고사가 가득 그려져 있고 호인(胡人), 아귀(餓鬼), 천신(天神) 등이 등장하여 신비스러운 분위기를 자아낸다. 이것이 바로 '비로자나법계인중상(盧舍那法界人中像)'이라는 소재이다.

* **出水**: 인체 구조에 따라 의상의 무늬에 변화를 줌으로써 마치 물속에서 나온 사람처럼 의상이 몸에 밀착된 기법

사천 성도의 만불사(萬佛寺) 석조상은 1880년대에 처음으로 발견되었고 1950년대 전후로도 계속적으로 출토되어 총 300여 건이 나왔으나 대부분 파손된 상태였다. 남조의 송, 제, 양과 북주, 수, 당의 작품이 골고루 있어 남방 지역에서 출토된 석조상 중 수량이 가장 많았다. 그래서 중국 남방과 사천 지역의 초기 불교 예술을 연구하는 데 극히 중요한 유물들이다. 만불사의 양대(梁代) 조상은 조합이 복잡하여 본존(本尊)과 옆에 서 있는 보살 외에도 여러 천왕, 제자, 심지어 6~8명의 잡기용도 같이 있어 독특한 지방적 특색을 보여준다. 예를 들어 547년에 만들어진 한 조상(造像)은 관세음보살상이 주상(主像)으로 화만관(花蔓冠)을 쓰고 몸에 착 달라붙는 얇은 옷을 입었는데 몸매가 늘씬하며 정중앙에 서 있다. 발 양쪽에는 사자가 한 마리씩 꿇어앉아 있는데 위를 쳐다보고 입을 벌리고 있어 생동감이 넘치며, 관음을 양옆에서 보좌하는 두 명의 보살은 사자 위에 서 있다. 바깥쪽 양측에는 두 마리의 코끼리가 있고 그 위에는 호법천왕(護法天王)이 서 있으며 전체 조상의 앞쪽 아래 부분에는 각양각색의 악기를 든 8명의 악사들이 있다. 이 조상에 등장하는 인물들은 숫자가 많기는 하지만 서열이 분명하고 서 있는 위치도 전후로 가지런하여 산만한 느낌이 전혀 없다.

북주의 조상비. 겉에는 북주 건덕(建德) 2년(573)의 발원문이 쓰여 있다.

불교 조상비는 대부분 북방 하남, 섬서, 산서 등지에서 발견되는

* 龕室: 사당 안에 신주를 모셔 두는 장(欌)

데 중국 전통 석비의 형식을 채용하여 납작하고 긴 사각형(長方扁体形)과 네모난 기둥형(四面柱形)으로 나뉜다. 전후와 양 측면에는 모두 감실(龕室)*이 있는데 그 안에 있는 조상의 소재나 스타일은 일반적으로 동시기의 석굴사 조상과 비슷하다. 비석의 크기가 제한되어 있어 조상도 그리 크지는 않지만 매우 정교하고 세밀하게 조각되어 있다. 비석 위에는 일반적으로 조상을 만들게 된 연유와 만든 이의 이름, 관적(貫籍), 신분 등이 적혀 있으며 때로는 공양인상(供養人像)을 선각(線刻)하여 그려 넣은 경우도 있다.

석굴사 예술의 쇠퇴

13세기에 아랍인이 대대적으로 인도를 침공하면서 불교 문명은 인도 본토에서 거의 사라지게 된다. 이렇게 하여 중국의 서쪽에서 전파된 불교 문화는 그 원류를 잃어버리게 되었다. 원대와 명대 전반기에도 여전히 마애석각(摩崖石刻)과 석굴사 불교 조상이 만들어졌다는 기록이 간간이 보인다. 하지만 중국 정치와 경제의 중심이 동쪽으로 옮겨가고 고도 장안과 서아시아를 이어주던 실크로드가 쇠퇴하면서 동남부의 해로 항운이 이를 대체하게 되었고 게다가 청대에는 라마교가 거의 국교화되면서 라마교 사원과 금동 조상(金銅造像)이 중원 지역에서 크게 유행하여 석굴사와 함께 한때 전성기를 구가했던 석굴 예술은 결국 역사의 무대 뒤편으로 사라지게 된다.

1| **서진**(西秦, 385~431): 선비족(鮮卑族)의 걸복국인(乞伏國仁)이 세운 나라. 중국의 오호 십육국의 하나로, 감숙(甘肅)의 원천(苑川)에 도읍하여 414년 남량(南凉)을 멸망시키고 세력을 늘려갔으나, 431년에 대하(大夏)의 혁련정(赫連定)에게 멸망하였다.

2| **북조**(北朝, 약 4~6세기): 남북조 시대에 중국의 북부를 지배한 북위(北魏), 서위(西魏), 동위(東魏), 북제(北齊), 북주(北周)의 다섯 왕조를 통틀어 이르던 말이다.

3| **업도**(鄴都): 지금의 하북 임장(臨漳)

제8장 • 금은기(金銀器)

1987년 비바람이 몰아치던 어느 날 밤, 섬서 서안에 있는 당나라 때의 고탑(古塔)이 갑작스러운 폭풍우에 붕괴되었다. 사람들은 무너진 탑의 기단을 정리하던 중 당 함통(咸通) 15년(874)에 폐쇄된 지하 궁을 발견하였다. 지하 궁 내의 모습은 실로 놀라움을 금치 못할 정도였는데 전(前), 중(中), 후(後) 세 개의 방에서 당 왕조의 몇 대 황제들이 부처에게 공양하던 진귀한 기물들이 총 400여 건 발견되었다. 그런데 그중에 가장 많은 부분을 차지하는 것이 바로 금은으로 만들어진 그릇 종류로 총 121건(세트)이 출토되었다. 이 금은기들은 형태와 장식 면에서 극히 화려하고도 정교하였는데 당 의종(懿宗)이 봉헌(奉獻)한 불사리를 보관하던 보함(寶函)은 안팎이 8중으로 되어 있으며 전부 금은으로 제작되었거나 장식되어 있다. 8중 용기는 층층이 겹쳐져 있는데 가장 안쪽에 있는 금탑은 순금으로 되어 있어 영롱하게 반짝거리며 신비한 불골 사리는 탑 안에 안장되어 있다.

법문사 탑에서 당대 지하 궁을 발견한 것은 세계를 놀라게 하였으며 중국 고대 금은기 제작 공예의 높은 수준을 한눈에 보여준다.

좌 당나라의 누공은향낭(鏤空銀香囊)

우 법문사 당 지하 궁에서 출토된 팔중보함(八重寶函)의 하나인 금함(金函)

전국 시대의 금잔(金盞)과 금비(金匕). 호북 수현(隨縣) 증후을묘(曾侯乙墓) 출토

희귀한 초기의 금은기

상주 시대의 유물 중에 금은 제품의 흔적이 보이기는 하지만 단순히 작은 귀걸이나 팔찌 등의 장식품에 머물러 있다. 금은으로 된 큰 기물은 전국 시대에 비로소 출현한다. 호북 수현(隨縣)에 있는 전국 시대의 증후을묘(曾侯乙墓)에서 출토된 뚜껑이 달린 금잔(金盞)은 독특한 모양의 금수저가 딸려 있으며 매우 정교하게 제작되어 있다. 이 묘에서는 금배(金杯)와 뚜껑 등 황금 제품도 출토되었다. 하지만 당시엔 이러한 황금 제품은 흔치 않았고 대부분은 황금으로 장식된 청동기나 표면에 도금한 것, 혹은 금사를 기물 표면에 입혀 화려한 금박 문양을 한 것 등이었다. 물론 대다수의 황금은 화폐로 사용되었다. 한나라 때도 이러한 상황은 변하지 않아 금은 그릇은 여전히 희귀한 물품이었다.

외국에서 전래된 금은기

남북조 시대에 와서 금은 그릇은 점점 왕공 귀족들의 사랑을 받기 시작했다. 현재까지 발굴된 것들을 살펴보면 당시의 금은기는 대부분 페르시아 등 외국에서 유입된 것으로 주로 독특한 모습을 한 병, 접시, 컵, 밥그릇 등의 용기와 목걸이, 반지 등의 장식품이었다. 이 같은 상황은 수나라와 당나라 초기까지 이어졌다. 섬서 서안 수나라 대업(大業) 4년(608)의 이정훈 묘(李静訓墓)에서 발굴된 금잔, 목걸이, 팔찌와 은잔 등도 지금의 파키스탄이나 아프간 지역에서 생산된 것들로 추정된다. 금팔찌에는 청록색의 유리구슬이 박혀 있는데 아마도 북인도산인 듯하다. 이정훈은 수문제의 장녀 양려화(楊麗華)의 외손녀로 겨우 9살에 죽었다. 그녀의 묘 안에서 이처럼 화려한 금은 장식품이 발견된 것으로 보아 외국의 금은 공예품이 당시 궁정에서 얼마나 유행했는지 알 수 있다.

유금은호병(鎏金銀胡瓶). 서방에서 유입. 영하(寧夏) 고원(固原) 북주 이현(李賢) 묘 출토

궁정 귀족들의 금은기에 대한 수요가 점점 늘어나면서 수나라와 당나라 초기부터는 대량으로 금은기를 제작하기 시작했다. 당시의 제품들은 주로 국외의 금은기 제작 공예와 장식 기법을 모방하였기 때문에 중앙아시아 혹은 서역의 분위기가 물씬 풍긴다. 하지만 그 속에 중국적인 요소를 가미하기도 하였는데 섬서 서안 하가촌(何家村)의 한 지하 저장고에서 출토된 팔릉유금은배(八棱鎏金銀杯)를 보면 형태는 페르시아 사산식이지만 몸체에 부조된 악공과 무희, 몇몇 인물과 그들이 입은 복식은 모두 중국 스타일이다. 또한 사산 양식의 각화고족은배(刻花高足銀杯)에도 중국식의 수렵 무늬가 장식되어 있다.

금은기의 중국화

수당 시대에 와서 사회 경제가 번영을 구가하면서 왕공 귀족들은 앞 다투어 사치를 즐겼으며 실크로드를 통해서 해외 무역이 성행하여 공예 미술 분야에서도 화려한 분위기가 등장하여 금은기도 전례 없이 장족의 발전을 보이게 된다.

유금은차롱자(鎏金銀茶籠子). 차병(茶餅)을 담던 바구니. 법문사 당 지하 궁 출토

당대의 궁궐에서는 금은 그릇에 대한 수요가 어마어마하였다. 시인 왕건(王建)이 『궁사(宮詞)』라는 작품에서 "같은 모양의 금 접시 5,000개가 일렬로 놓여 있고 그 위엔 붉은 수유가 모란꽃 모양으로 장식되어 놓여 있다(一样金盤盤五千面, 紅酥点出牡丹花)."라고 묘사한 것으로 보아 비록 과장된 면은 있지만 당시 궁궐에서 대량으로 금은기를 사용하였다는 사실을 알 수 있다. 당나라 때 금은기를 대량으로 제작하던 곳은 수도 장안이었다. 이곳에는 나라에서 주관하는 '금은작방원(金銀作坊院)'이 설치되었는데 이곳은 특별히 황실을 위해 수공예로 금은기를 제작하던 공방이었다. 당 선종(宣宗) 대중(大中) 연간에는 황실용의 금은기만 전문으로 제작하는 '문사원(文思院)'이 만들어졌다. 이는 아마도 금은작방원에서 만든 제품들로는 황실의 수요를 맞추기 힘들었기 때문으로 풀이된다. 이 밖에 만당(晩唐) 시기에는 장강 하류의 몇몇 지역에서도 금은 그릇의 제작 수준이 상당히 높아 도성에서 생산된 것들에 필적할 정도였다. 당대의 금은 세공 기법은 매우 복잡하고도 정교하여 판금(板金), 주조, 용접, 절삭, 연마, 도금, 난련(鍛鍊), 천공(穿孔) 등의 기술을 사용하였는데 최고의 효과를 내기 위하여 여러 가지 기법을 함께 사용하는 경우가 많았다.

외국의 금은기 공예에서 아이디어를 얻은 중국의 장인들은 점차적으로 중국 스타일을 지닌 아름다운 작품들을 내놓기 시작하였다. 현재까지 발견된 당대의 금은기를 보면 형태에서 독특한 예술적 특징

* **香囊**: 향을 넣어서 차고 다니는 주머니

을 보이는데 일반적인 접시, 컵, 상자, 병 등의 그릇에는 외형 윤곽의 처리에 매우 심혈을 기울였다. 예를 들어 대형 금화은반(金花銀盤)은 접시 가장자리가 마름모나 해바라기 모양으로 선이 둥글고 부드러우며 일정한 틀을 갖추고 있으면서도 변화를 주어 풍부하고 화려한 느낌을 준다. 가장 정교하게 만들어진 것은 훈구(薰球), 즉 향낭(香囊)*으로 아래위 반구에 정교하고 아름다운 문양을 투각(透刻) 처리하여 향기가 밖으로 발산되도록 하였다. 안에는 두 개의 동심원 모양의 고리를 겹쳐 놓았고 고리에 이어진 축에는 향을 담는 용기가 달려 있다. 둥그런 훈구는 아무렇게나 움직여도 이 용기는 평형을 유지하게 되는데 이것만 보아도 당대 장인들의 수준 높은 기술을 엿볼 수 있다. 가죽주머니를 본떠 만든 유금무마함배은호(鎏金舞馬銜杯銀壺)나 유금은질구부주주통(鎏金銀質龜負酒籌筒) 등 특이하게 생긴 몇몇 작품은 자연스러우면서 극히 화려하여 장인들의 풍부한 상상력을 보여준다.

당대의 금은기는 외형의 윤곽 처리에 매우 신경을 썼을 뿐 아니라 문양을 화려하게 장식하였는데 귀금속 본연의 광채를 이용하여 은

좌 당나라의 유금무마함배은호(鎏金舞馬銜杯銀壺). 서북 유목 민족의 가죽주머니를 본떠 제작. 겉의 도안은 궁정 무마(舞馬)의 움직임을 표현한 것이다. 섬서 서안 하가촌 출토

우 당나라의 금화은반(金花銀盤). 쟁반 가운데는 동물의 머리와 둥글게 말린 코를 갖고 있는 두 마리의 마갈어(摩羯魚)가 한 개의 보주(寶珠) 주위를 돌고 있는 문양이 있다. 내몽고 카라친기(喀喇沁旗) 출토

청나라의 장문금탑(裝文金塔). 라마교 밀종(密宗)의 예불 전용 불탑. 탑 꼭대기는 일월형(日月形)으로 되어 있고 그 아래는 12층의 법륜이 있는데 모두 장문(裝文)이 새겨져 있다.

기 위의 문양을 금으로 도금한 아름다운 금화은기(金花銀器)를 제작하기도 하였다. 특히 대형 금화은반의 경우 보통 접시 중앙에 주로 사슴, 사자, 봉황, 마갈(摩羯)*의 문양을 새기고 마름모 혹은 해바라기 모양의 가장자리에는 꽃문양을 일정하게 장식하였다. 초기의 꽃문양은 일정한 간격으로 드문드문 배치되었으나 중당(中唐) 이후부터는 풍만하고도 조밀하게 배치되었다. 또한 어떤 것은 접시 중앙의 주문양 주변을 꽃무늬로 둘러싸게 그려 넣어 안팎으로 이중, 삼중으로 무늬가 들어가 더욱 화려하다.

* 摩羯: 어룡(魚龍)

당나라의 유금앵무문은제양관(鎏金鸚鵡紋銀提梁罐). 섬서 서안 출토

당나라 때는 경제가 상당히 발달하였기 때문에 금은기는 당시의 중요한 공예품 중 하나가 되었다. 서안 하가촌(何家村)에서 발견된 당대의 금은기가 매장된 지하 갱을 보면 당나라 때 금은 제품이 당시 관료와 상인들 사이에서도 얼마나 크게 유행했는지를 보여준다. 당 왕조가 멸망한 이후에도 당대 금은기의 영향은 계속 이어져 명청 시대의 황실과 귀족 묘장에서 여전히 수많은 금은기가 출토되었다. 북경 지역에서 금은기가 대량으로 출토된 곳으로 명동사묘(明董四墓), 만귀묘(萬貴墓), 만통묘(萬通墓)와 세계적으로 유명한 명 정릉(定陵)의 지하 궁이 있다.

제9장 • 자기(瓷器)

북조의 연화대존(蓮花大尊), 하북 경현(景縣) 봉씨묘(封氏墓) 출토

상나라 때부터 중국인은 백도기(白陶器)와 인문경도기(印紋硬陶器)를 만들면서 끊임없는 연구를 통해 경험을 축적하였는데 적합한 원재료를 사용하여 소성 온도를 높이고 표면에 유약을 발라 원시적인 자기를 만들어냈다. 자기를 발명함으로써 중국은 세계 문명에 중요한 공헌을 하였는데 자기는 중국 문명의 상징으로 여겨지기도 하여 심지어 영어로는 '중국'과 '자기'가 모두 'china'로 불리기도 하였다. 수천 년 동안 중국의 자기는 대략적으로 원시 청자, 청자, 백자, 채색자기의 단계를 거쳐 왔다. 당 왕조와 오대십국 시대부터 자기는 민간의 일상 생활용품에서 귀족과 황실의 소비품으로 지위가 상승하기 시작한다. 처음엔 지방 관리들이 최상급의 자기를 지방 특산품으로 궁궐에 헌상하였는데 나중에는 '황제의 명을 받들어 제작된(奉御督燒)' 제품들이 생겨났다. 오대 시기 오월국의 전류(錢鏐), 후주(後周)의 시영(柴榮)에 있던 가마는 황제의 명령에 의해 황실에서 사용할 '어용지기(御用之器)'를 만드는 곳으로 지정되었는데 이것이 소위 말하는 '관요(官窯)'의 시작이다.

관요에서는 돈이 얼마가 들든 상관하지 않고 최고의 재료와 화려한 공예로 황제를 만족시켜야 했기 때문에 역대 관요에서 만든 정품(精品)들은 대부분 동시대에 만들어진 것들보다 수준이 높다. 그중 송나라의 여(汝), 관(官), 가요(哥窯)의 자기, 원명 시대 관요의 청화자(青花瓷), 명나라 성화(成化) 연간의 투채자(鬥彩瓷), 정덕(正德)과 가정(嘉靖) 연간의 오채자(五彩瓷)와 청나라의 법랑채(珐琅彩) 등 희귀 품종들은 지금까지 수집가들이 꿈에도 그리는 진귀한 품목들이다.

원시 자기

일반적으로 자기가 갖추어야 할 몇 가지 기본 조건을 살펴보겠다.

첫째, 철 함량 2% 정도의 고령토를 원료로 하여야 한다. 둘째, 1,200℃ 이상의 고온에서 소성하며 소성 후 태질의 결정이 치밀하게 되어 수분이 침투하지 못해야 한다. 셋째, 표면에 유약을 바를 때 유약이 일정한 두께로 견고하게 입혀져야 한다. 중국 각지에서 출토된 상주 시기의 자기를 보면 위의 조건들을 기본적으로 갖추었기 때문에 자기의 범주에 포함시킬 수 있다. 그러나 도기에서 자기로 넘어가는 과도기적 산물이기 때문에 자기의 초기 단계로서 원시 자기라 부르는 것이다.

서진의 청자수형존(青瓷獸形尊). 강소 의흥(宜興) 서진 영녕(永寧) 2년(302) 묘 출토

원시 자기는 대개 두(豆)[1], 항아리(罐) 등의 용기가 많이 출토되었는데 표면은 거칠고 매끄럽지 못하며 유약은 청회색이나 청색 바탕에 황색을 띠는 것이 많다. 자기는 도기보다 방수가 잘 되어 처음에는 주로 물을 담는 용기로 사용되었다.

육조 청자

원시 자기는 진한 시대 수백 년의 기간을 거치며 후한에 이르러 성숙기를 맞이하였다. 이때의 자기는 매우 안정적으로 제작되어 태토나 유약, 소성 온도 모두 근대 자기의 표준에 근접하였다. 이 때문에 중국학계에서는 본격적인 자기의 출현을 후한 시기로 추정한다.

후한 이후 삼국 시대에서 남북조 시대까지의 근 400년 동안 중국은 서진(西晉)이 잠시 통일한 시기를 빼고 장기적으로 분열된 할거 상태에 빠져 있었다. 북방에서는 전란이 빈번하였으나 남방은 상대적으로 안정적이었기 때문에 북방 중원의 귀족과 사대부들 그리고 각

계층의 민중들은 대거 남하하여 남방 인구가 급증하였고 경제도 빠르게 발달하였다. 이는 자기(瓷器) 등 수공업이 발전하는 데 유리한 조건을 제공해 주었다. 현재 강소, 절강, 강서, 복건, 호남, 사천 등 남방 지역에서는 육조 시기의 자요(瓷窯) 유적이 폭넓게 발견되는데 자기 생산은 이때부터 눈부신 발전을 보이기 시작하여 수당 시기 자기 발전에 기초가 되었다.

오(吳)나라의 청자양(青瓷羊). 강소 남경 청량산(清凉山) 오묘(吳墓) 출토

여기서 말하는 '육조(六朝)'란 3세기 초부터 6세기 말까지 300년간 지금의 강소 남경을 수도로 삼은 6개 왕조를 말한다. 이 6개 왕조는 순서대로 삼국 시대의 오(吳), 양진(兩晉) 시기의 동진(東晉)과 남북조 시기 남조의 송(宋), 제(齊), 양(梁), 진(陳)나라를 가리킨다. 육조 시기에 만들어진 자기는 주로 청자(青瓷)로 청회색, 담청색, 녹두색의 유약을 기본으로 썼다. 유약을 바를 때 침유법(浸釉法)*을 써서 유약 층의 두께가 매우 고르다. 그중 절강 지역의 유명한 월요(越窯), 무주요(婺州窯)에서 생산된 청자는 태토와 유약이 환상적으로 어우러져 있어 유약이 벗겨지거나 흐르는 경우가 거의 없었다. 이는 당시 자기 제작 기술이 소성 온도와 수축 계수가 정확히 조절되는 극히 높은 수준에 이르렀다는 것을 설명해준다.

육조 청자의 조형과 장식 예술은 모두 전대의 것보다 훨씬 뛰어났다. 비록 대부분의 자기가 일상 용품으로 쓰였고 드물게 부장용 자기도 있었으나 형태가 기존의 단순한 기하학적인 틀을 벗어나 전체 윤곽이나 부분적인 장식을 할 때 동물의 형상을 본뜬 것이 여럿 등장했다. 새 모양의 배(杯), 개구리 모양의 연적, 동물 형태의 존(尊), 매 모양의 호(壺), 닭 머리 장식이 달린 호, 청자와양(青瓷臥羊) 등이 있다. 마치

* **浸釉法**: 기물을 유액 속에 담가서 칠하는 것

살아 있는 듯 생생한 이러한 동물 형태의 자기는 단순한 일용품을 넘어 예술품이라 해도 손색이 없다. 절강 상우(上虞) 백관진(百官鎭)의 서진 전실묘(西晉磚室墓)에서 출토된 청자조형배(青瓷鳥形杯)는 생김새가 비상하는 새 같은데 반원형의 몸체는 새의 배와 비슷하고, 컵 앞쪽 가장자리에는 새의 머리가 있으며 아래는 날개와 다리가, 뒤쪽에는 위로 치켜 올라간 부채 모양의 꼬리가 있다. 새의 머리는 뒤쪽을 응시하고 있어 꼬리와 서로 호응하며 날개는 펼쳐져 있고 두 발은 배 쪽으로 붙어 있어 평온하게 날고 있는 듯하다. 전체적으로 보면 독특한 형태 안에 정중동의 움직임을 담아내어 보기 드문 걸작이라 하겠다. 강소 남경(南京) 청량산(清涼山)에서 출토된 청자양(青瓷羊)은 몸이 풍만하며 네 다리를 구부리고 엎드려 있는데 전체적인 비례가 매우 정확하여 면양(綿羊)의 온순한 성격을 그대로 표현해냈다. 유약 층이 매우 매끄럽고 푸른 광채를 띠어 거울처럼 비추어볼 수 있을 정도이다.

수당 백자와 유하채자

당나라와 오대 시기는 중국 자기의 첫 번째 흥성기로 북방의 백자(白瓷)와 남방의 유하채자(釉下彩瓷)* 가 유명하다.

백자는 태토와 유약이 모두 순수한 하얀색으로 된 자기를 말한다. 이것은 청자를 기본으로 하여 원료를 세심하게 선택하여 씻어 걸러내고 태토와 유약 속의 철 함량을 낮추어서 소성한 것이다. 중국 최초의 백자는 북조의 북제 시기에 등장하였는데 하남 안양에 있는 북제 무평(武平) 6년(575) 양주자사(涼州刺史) 범수(范粹)의 묘에서 출토된 백자 그릇, 컵, 호리병 등이 대표적이다. 이러한 자기는 태토와 유약이 모두 유백색을 띠지만 몇몇 유약 층에서는 청색이 엷게 번져 있어 청자의 흔적이 여전히 남아 있는 과도기적 작품이라 하겠다.

수당 이후 백자를 굽는 기술은 더욱 세련되게 발전하여 색조가 점

* **釉下彩瓷**: 유약 아래에 채색유로 문양을 장식한 후 다시 투명 유약을 올려 소성하는 도자기 장식 기법

* **開片**: 도자기 표면에 유약이 갈라진 금

점 안정되어 갔고 기형(器形)도 정교하고 화려해져 상류 사회의 애장품이 되었다. 섬서 서안 외곽에서 발견된 수 대업(大業) 4년(608)에 매장된 종실 귀족 소녀인 이정훈 묘(李靜訓墓)에서는 작고 납작한 병(小扁瓶), 작은 함(小盒), 작은 항아리(小罐) 등의 정교한 백자가 출토되었다. 그중 가장 감탄을 자아내는 것은 용병계수호(龍柄鷄首壺)로서 높이 26.4cm에 전체적으로 백색 유약으로 처리된 갈라진 개편(開片)*이 있으며 모양이 호리호리하고 수려하다. 과장된 용머리 손잡이와 고개를 쳐들고 우는 모습의 닭 머리는 화려한 장식 효과를 더해 준다. 이 백자들은 청색이나 황색이 번지는 현상이 보이지 않아 백자 공예가 성숙기에 접어들었음을 말해 준다.

당대의 백자요지(白瓷窯址)와 자기는 북방 하남, 하북, 산서, 섬서와 안휘 지역에서 발견되며 장강 이남에서는 매우 드물게 발견된다. 이 때문에 예로부터 '남청북백(南青北白)'이란 말이 생겼는데 이는 북방에서는 주로 백자가, 남방에서는 청자가 많이 생산된다는 의미이다.

이 시기 남방의 청자는 전대(前代)에 이어 착실히 발전하고 있었는데 절강의 월요(越窯)가 가장 유명하다. 이곳 태토의 질은 매우 곱고 치밀하며, 기형이 반듯하고 유약 층도 일정하고 깨끗하다. 색깔은 청황이나 청록으로 옥(玉)처럼 매끄러우며 얼음 같은 광택을 띠고 있다. 종류는 주로 주발이나 접시 같은 식기, 주기, 다기(茶器) 그리고 각양각색의 등(燈), 베게, 타호(唾壺)[2], 인합(印盒)[3], 분합(粉盒) 등이 있다. 형태상으로는 외곽을 식물이나 꽃 모양으로 처리한 것들이 다수 출현하였는데 연꽃 모양 그릇과 접시, 해당화나 해바라기 모양의 주발 등이 있다. 기물의 전체 혹은 구연부가 활짝 핀 해당화같이 생긴 것도 있고, 어떤 것은 물에 떠 있는 연꽃처럼 생겨 곡선이 부드럽고 자태가 아름다워 눈을 뗄 수 없을 정도이다.

만당에서 오대까지의 시기에 월요는 한때 황실용 고급 청자를 전담하여 만드는 관요로 지정되기도 하였는데 이곳에서 생산된 자기는 관료나 백성들이 사용하지 못하였으며 '비색(秘色)' 자기라 불렸다. 당 육구몽(陸龜蒙)은 '비색월기(秘色越器)'라는 시에서 "구월 가을의 풍로를 월요가 열었으니 천 봉우리의 취색을 앗아 왔네(九秋風露越窯開, 奪得千峰翠色來)."라며 이를 극찬하였으나 비색 자기의 '천봉취색(千峰翠色)'이 과연 어떤 색이었는가에 대해서는 의견이 분분하였다. 1987년에 섬서 부풍(扶風)의 법문사탑 당대 지하 궁에서는 당 황실에서 봉헌한 불교 문물과 정교하게 제작된 각종 기물들이 대거 발굴되었는데 이와 함께 출토된 기물들의 명칭을 석각으로 기록한 '물장(物帳)'에 보면 지하 궁에서 출토된 16가지 청자기가 '비색자(秘色瓷)'라고 나와 있다. 이때야 사람들은 비로소 황실에서 제작한 비색 자기의 진면목을 볼 수 있었다. 이러한 비색 자기에 사용된 유약은 두 가지 색을 띠고 있는데 청황색를 띠는 두 개의 평탈자완(平脫瓷碗)* 외에 나머지는 모두 청록과 연초록색을 띠는데 유약색이 곱고 유질(釉質)이 맑고 윤택하며 유약 층의 두께가 매우 엷고 고르다. 이러한 자기는 형태가 간결하고 명쾌한데 비자팔릉정수병(秘瓷八棱净水甁)의 경우 병목이 길고 가늘며, 몸통에 여덟 개의 튀어나온 모서리를 만들어놓아 마치 박처럼 생겼으며 비자반(秘瓷盤) 같은 것은 구연부를 다섯 장의 꽃잎 모양으로 굴곡지게 만들었다. 특히 튀어나오거나 오목하게 들어간 부분의 경계가 명확하여 제작 과정이 매우 엄격했음을 알 수 있다.

장강 중류에 있는 호북의 장사요(長沙窯)는 당대 중기와 말기 그리고 오대 시기에 유하채자를 만들던 곳이다. 장사요 유하채자의 색깔은 주로 갈색과 녹길색 두 가지이다. 제작 방법은 맨 질그릇 위에 갈색이나 녹갈색으로 직접 문양을 그리거나 질그릇 태토 위에 문양의 윤곽선을 먼저 파낸 다음 이곳에 녹갈색을 채워 넣고 청색 유약을 바른다. 현재까지 전해 내려오는 수많은 유하채자를 보면 이러한 장식의 형식은 처음에는 단순한 갈색 반점이었으나 나중에는 점점 호방하고 수려한 녹갈색 반점과 원 모양의 작은 점으로 발전해 갔음을 알

* **平脫瓷碗**: 평탈(平脫)이란 금, 은판을 오려 붙이거나 금은사를 넣어서 장식하는 것을 말한다.

당나라의 교태자침(絞胎瓷枕)

수 있다. 장사요의 유하채자는 청자의 단순한 청색을 탈피하여 다양한 자기 장식의 가능성을 보여주었으며 후대 유하채자의 번영과 발전에 기반을 닦아주었다. 장사요 유하채자는 형태에서도 독특한 특징을 보여주는데 특히 손잡이가 달린 집호(執壺)[4]는 주둥이 입구의 모양이 일반적인 동그란 모양, 나팔꽃 모양, 둥글고 넓적한 모양이 있고 병의 배 부분은 둥근 것, 긴 것, 표주박 모양 등이 있으며 주둥이 모양은 곧은 것, 팔각형, 네모난 기둥 형태 등이 있어 당대자호(唐代瓷壺) 중에서도 뛰어난 가치를 지니고 있다.

교태자(絞胎瓷)도 당대의 새로운 자기 예술로서 당양(當陽)의 욕요(峪窯)에서 생산된 것이 유명하다. 교태란 하얀색과 갈색의 태토를 한데 섞어 빚는 것으로 이렇게 하면 태토상에 하얀색과 갈색이 서로 엇갈린 무늬와 반점이 생겨나는데 여기에 유약을 바르고 구워내면 교태자기가 된다. 현재 전해 내려오는 것 중 비교적 많이 볼 수 있는 것이 교태자침(絞胎瓷枕)이다. 이는 베개 면 위에 종종 꽃잎이 정삼각형으로 배열되어 뛰어난 장식 효과를 주는 문양을 갖는 경우가 많아 '화침(花枕)'이라 한다. 교태자는 만들기가 복잡하여 이러한 화침의 경우 종종 베개 면에만 교태 기법을 쓰고 베개 속에는 대부분 하얀 태토만 사용하였다. 1978년 북경 고궁 박물관이 하남의 공현요지(巩縣窯址)에서 발견한 화침 조각들의 단면을 보면 교태 문양이 있는 부분은 베개 전체 두께의 3분의 1뿐이고 나머지 3분의 2는 하얀 태토였다.

송대 명요

양송(兩宋)[5] 시기에 중국 자기는 두 번째 홍성기를 맞게 된다. 당시에는 전국 각지에 유명한 가마터가 우후죽순처럼 생겨났다. 1950년대 이후의 도자 관련 고고학 조사 결과에 의하면 중국의 19개 성, 시, 자치구의 170개 현 중에 송대 자기 가마터가 있던 곳은 무려 130개 현으로 현존하는 역대 가마터 전체의 75%를 차지한다. 이를 통해 송대에 자기 산업이 얼마나 번성했는지를 알 수 있다.

각각의 자요(瓷窯)는 서로 활발한 경쟁을 벌이면서 생존하고 발전하여 왔다. 어떤 종류의 자기가 인기를 끌게 되면 인근의 자요에서도 앞 다투어 모방하여 만들었는데 이렇게 하여 비슷한 종류의 자요 체계가 형성되었다. 나중에는 몇몇 유명한 자기와 자요가 두각을 나타내면서 자신만의 위치를 확립하게 되었는데 후세에서 높이 평가하는 송대의 5대 명요(五大名窯)로는 여요(汝窯), 관요(官窯), 가요(哥窯), 균요(鈞窯), 정요(定窯)가 있다. 이 5대 요 중 몇 곳의 작품은 출토된 것이 희박하여 여기서는 고고학적 조사가 끝나고 학술계에서 대체적으로 인정하는 송대 6개의 명자요(名瓷窯) 체계를 소개하겠다. 바로 북방의 정요계(定窯系), 요주(耀州)의 요계(窯系), 균요계(鈞窯系), 자주요계(磁州窯系)와 남방의 용천청자계(龍泉青瓷系), 경덕진(景德鎮)의 청백자계(青白瓷系) 등이다.

송나라의 길주요(吉州窯) 권운문자병(卷雲紋瓷瓶)

정요(定窯)

지금의 하북 곡양(曲陽) 간자촌(澗磁村)과 동서연산촌(東西燕山村)에 있었는데 송대에는 곡양이 정주(定州)에 속하였기 때문에 '정요'라 했다. 이곳은 백유자(白釉瓷)를 위주로 하는 요계로 흑유자(黑釉瓷)[6]와 장유자(醬釉瓷)[7]도 소량씩 생산하였다. 백색 유약은 하얀색에 노란색을 띠며 상아처럼 매끄러운 '분정(粉定)'을 최고로 친다. 이 유약은 우유처럼 매끄럽고 기름지며 태

* **刻花**: 유약 밑의 바탕에 문양을 새기는 것으로, 일반적으로 표면 안으로 깊게 새겨 고부조(高浮雕)가 되게 한다.

** **印花**: 미리 조각해 만든 도장을 이용해 점토에 도장 문양을 찍어서 활용하는 기법

*** **還原焰**: 가마 번조 시에 연료의 양에 비하여 산소의 양을 적게 공급하여 불꽃의 길이를 길게 해서 번조하는 방법으로 유약에 있는 산화물이 산소가 없는 상태에서 색상의 변화를 가져와 좋은 효과를 낸다.

토에 잘 발라지고 장식 효과도 뛰어나 완성품을 보면 마치 '분을 얇게 펴 바른 소녀의 피부'와 같다고 하여 '분정'이라 했다. 정요 백자의 장식 기법은 각화(刻花)*와 인화(印花)**가 주를 이루는데 대부분 동물이나 꽃의 문양이 장식되어 있고 황실에서만 쓰이는 용봉(龍鳳) 문양도 있다.

요주요(耀州窯)

지금의 섬서 요현(耀縣)에 있던 요주요는 송대 북방의 유명한 민요(民窯)로 주로 청자를 만들었고 특히 각화 공예에 뛰어났다. 장식에는 금속 칼을 사용하여 질그릇 표면을 일정한 각도로 깊이를 다르게 하여 파냈는데 주문양과 보조 문양에 차이를 주어 주문양은 깊게 파고 보조 문양은 얕게 파 선명한 부조감(浮雕感)을 준다. 문양의 중간과 주위에는 빗 모양의 '배도(排刀)'를 사용하여 음각으로 세밀하게 대조리 문양을 새겨놓았다. 이는 물결과 꽃술을 상징하는 것으로 전체 문양을 더욱 정교하고 풍만하게 해준다. 오대 시기에 요주요에서 생산된 자기의 유약색은 하늘색, 분청색, 회청색, 녹두색과 갈색 등이 있으며 북송 이후엔 기본 색조가 올리브색과 담청색으로 바뀌어 안정감 있고 우아한 분위기를 낸다.

균요(鈞窯)

송대 명요 중 가장 특색 있는 것으로는 하남 우현(禹縣)의 균요를 꼽을 수 있다. 균요도 북방 청자요계에 속하지만 산화철로 색을 입힌 전통 청자가 아니라 산화구리를 착색제로 사용하여 소성하면서 산화와 환원염(還原焰)*** 효과를 낸다. 이렇게 구워낸 완성품은 변화무쌍한 여러 가지의 아름다운 색을 띠게 되는데 이것이 바로 '요변(窯變)'이다. 그중 남색 계열의 자유(瓷釉)가 가장 아름다운데 옅은 하늘색, 짙은 남색, 남색에 하얀색이 섞인 월백색(月白色) 등으로 이들 속에는

모두 반짝반짝 빛이 나는 그윽한 남색이 깃들어 있어 마치 한밤중의 밤하늘이나 희미하게 동이 트는 새벽녘을 연상시킨다. 또한 붉은 구릿빛의 멋스러운 색도 있는데 이는 마치 석양 속에 타오르는 붉은 노을 같다. 이렇게 남색과 붉은색의 두 가지 색조를 주로 사용한 균요의 자기는 독특한 멋을 가지고 있어 중국 자기 예술에 새로운 경지를 개척하였다.

자주요(磁州窯)

자주요계는 북방 최대의 민요(民窯)로 가마터는 주로 하남, 하북, 산서에 분포되어 있다. 자주요계의 자기는 농밀한 향토적 분위기와 민간 색채를 띠고 있어 송대 자기에서 독특한 위치를 차지하고 있으며 예로부터 흑색과 갈색의 유하채로 유명하다. 유하흑기(釉下黑器)의 그림, 특히 자침에는 대부분 당시 생활 풍경을 소재로 한 그림을 그려 넣었는데 어린아이가 낚시를 하거나 오리를 쫓고, 팽이를 치는 내용이 있으며 필법이 참신하고 간결하며 선이 자연스럽고 유려하다. 검정색을 많이 쓰지는 않았으나 정취가 듬뿍 묻어난다. 이곳에서 만들어진 흑색과 갈색의 유하채는 당대 장사요에서 자기 표면에 민간 속담을 장식으로 새겨 넣었던 전통을 계승하였다.

자기, 주로 자침(瓷枕)에는 '많은 사람들 앞에서는 말을 신중하게 해야 하고 별일이 없으면 일찍 집에 들어간다(衆中少語, 無事早歸)', '다리를 건널 때는 말에서 내리고 길이 있으면 배를 타지 마라(過橋須下馬, 有路莫行船)', '저녁이 되기 전에 숙소를 찾고 아침 닭이 울면 하늘을 쳐다보라(未晩先尋宿, 鷄鳴早看天)', '작은 부주의로 사고를 당한 사람들은 길거리에 널리고 널려 있다(古來冤枉者, 盡在路途邊)' 등의 속담이 새겨져 있어 자주요(磁州窯)의 주요 소비자인 일반 민중들의 생각과 의식을 엿볼 수 있다.

송나라의 용천요(龍泉窯) 매자청유연판문개발(梅子靑釉蓮瓣紋盖鉢)

용천요(龍泉窯)

원래부터 청자 공예의 전통이 깊었던 절강에서는 송대에 이르러 용천요계의 청자가 탄생하였다. 용천 청자는 한나라, 당나라, 오대십국을 거친 월요(越窯) 청자의 우수한 전통을 계승하였고 원료의 선택과 소성 기술에서 발전을 거듭하여 옥석(玉石)과 같이 매끄럽고 아름다운 분청(粉靑)과 매자청유(梅子靑釉)를 만들어내 중국 고대 청자 공예의 정수로 꼽힌다.

경덕진(景德鎭)

예로부터 '자도(瓷都)'라 불리던 강서의 경덕진에서는 송대에 주로 청백자를 만들었다. 이 청백자의 색채는 푸른색과 하얀색의 중간 정도로 청색 속에 하얀색이 숨어 있고 하얀색 위에 청색이 드러나 청백자라 불리는데 '영청(影靑)'이라고도 한다. 경덕진의 청백자는 북방 정요(定窯)의 백자와 밀접한 관련을 맺고 있다. 송 왕조가 수도를 하남 개봉에서 절강 항주로 옮길 때 북쪽의 장인들도 이를 따라 남하하면서 원래 정주에서 자기를 만들던 일부 공장(工匠)들은 강서 경덕진과

길주(吉州)에 자리 잡게 되었다. 이들은 백자를 만들던 높은 기술력을 남방의 전통적인 청자 공예와 결합시켰는데 현지에서 나는 양질의 자토(瓷土), 연료(燃料)와 물을 사용하여 옥처럼 맑고 아름다운 청백자를 탄생시켰다. 이 자기의 태토는 눈처럼 하얗고 조직이 치밀하면서 세밀하고도 부드러운데 투광성(透光性)이 매우 좋다. 이 때문에 유약이 어느 정도의 두께로 발라졌는지에 따라 색이 변하는데 두껍게 발라진 곳은 청록색, 얇게 발라진 곳은 청백색을 띠게 된다. 경덕진 청백자의 맑고 투명한 유질과 정요의 하얀 상아와 같은 유백색의 유약은 명확한 대비를 이루는데 이는 모두 양질의 태토 자체가 가지고 있는 하얀색을 바탕으로 자기의 진정한 본래 색을 띠는 청백자를 만들어낸 것이다. 또한 이는 나중에 등장하는 각종 채화 자기의 탄생에 결정적인 조건을 제공하게 된다.

경덕진(景德鎭) 청백자주자주완(青白瓷注子注碗). 송대의 주기

가요(哥窯)

송대 명요(名窯) 중 위에 소개한 주요한 여섯 개의 요계(窯系) 외에 특별히 언급해야 할 곳으로 가요가 있다. 가요 자기의 개편 기법은 일종의 인위적인 '균열의 미학(瑕疵之美)'으로 칭송되어 송대 자기 예술에서 으뜸으로 치는 것이다. 개편이란 유약 면의 갈라진 무늬를 말하는 것으로 유약에 특수한 첨가제를 넣어 유약 면에 균열(龜裂) 효과를 준 것이다. 그중 최고의 작품은 '금사 철선(金絲鐵線)'이라는 것으로 먼저 가마의 온도를 냉각시켜 표면에 크게 균열이 생기게 하고 갈라진 금 사이에 갈색의 자금토(紫金土)*를 채워 넣으면 검은색의 '철선(鐵線)'이 만들어진다. 가마에서 꺼내면 자기의 유약층에서는 서서히 가느다란 균열이 생기는데 이는 금황색을 띠게 되어 '금사(金絲)'라고 한다. 금사 철선이 전체에 퍼져 있는 이 자기는 가요 자기의 독특한 스타일을 보여준다.

* **紫金土**: 산화알루미늄과 산화철이 비교적 많이 함유된 흙

송나라의 해아자침(孩兒瓷枕)

송대 자기는 태토와 유약, 유약의 색채로 명성을 떨쳤을 뿐 아니라 조형 예술 면에서도 극히 높은 수준을 자랑하였다. 북경 고궁 박물관에 소장된 정요(定窯)의 작품인 백자 해아침(白瓷孩兒枕)은 놀다가 지쳐 누워서 쉬고 있는 어린아이의 모습을 본떠 만든 것으로 둥글고 큰 머리를 양팔에 비스듬히 괴고 머리 밑에 깔린 오른손으로는 기다란 채구(彩球)*를 잡고 있다. 양 다리는 살짝 구부리고 두 발을 위로 들고 있는 모습이 장난기 있게 묘사되었는데 실제와 모습이 흡사하며 생동감이 넘친다. 또한 실용적인 기능도 고려하여 중간에 완만하게 패인 허리 부분은 머리를 베도록 알맞게 만들어 조형미와 실용성이 절묘하게 어우러졌다.

자침은 여름철에 쓰는 중국의 전통 침구로 시원함이 뼛속까지 스며들어 상쾌하고 편안하여 사람들에게 폭넓은 사랑을 받았다. 송대 자주요(磁州窯)에는 자침만을 전문적으로 만들던 공방이 4곳 있었

* **彩球**: 여러 가지 빛깔의 비단으로 만든 공 모양의 장식

으며 그중 '장가조(張家造)'라 새겨진 자침이 가장 많은데 이곳은 자침 제작만 300여 년의 역사가 있는 곳이었다. 송사(宋詞)로 유명한 여류 작가인 이청조(李淸照)의 『취화음(醉花陰)』에는 "엷은 안개, 짙은 구름 내 슬픔 뒤덮어 자욱한데 서뇌향은 짐승 모양의 향로에서 사그라지고, 중양절은 다시 돌아왔으나 옥 베개 성긴 휘장 한밤중엔 너무도 서늘해지는구나(薄霧濃雲愁永晝, 瑞腦銷金獸, 佳節又重陽, 玉枕紗廚, 夜半凉初透)."라는 구절이 있는데 여기서 말하는 '옥 베개(玉枕)'는 바로 당시 경덕진요에서 만들어진 청백 자침(靑白瓷枕)을 가리킨다.

명청 채자

송대까지 중국의 자기는 청자와 백자 등 단일한 색의 자기가 주류를 이루며 발전해왔다. 그러나 원, 명, 청나라 때에 이르러서는 이러한 전통이 깨지며 화려한 색채를 자랑하는 각종 채화 자기가 등장하게 된다. 아름답고 화려함을 자랑하는 이 채화 자기들은 중국의 전통 자기 공예와 회화 예술이 최종적으로 합쳐진 걸작품이다.

청화(靑花)

원, 명, 청나라의 채화 자기 중 가장 수준 높고 영향력이 제일 큰 것으로 먼저 손에 꼽을 수 있는 것이 바로 청화이다. 청화는 코발트를 사용하여 그림을 그린 후 투명한 백자유를 사용하여 고온에서 구워낸 푸른색 무늬가 있는 유하채 자기(釉下彩瓷器)이다. 청화의 원료는 코발트가 함유된 천연 광물로 중국 운남, 절강, 강서에서 많이 나며 해외에서 수입하기도 한다. 청화 자기가 탄생하기 전까지 각종 자기의 표면 장식은 각화(刻花), 획화(劃花), 인화(印花)가 주를 이루었고 필회 기법(筆繪技法)은 거의 쓰이지 않았으나 청화 자기가 출현하면서 필회 기법이 주된 장식 기법으로 자리 잡게 된다. 청화 자기는 청화의 착색력이 강하고 선명하고도 안정적인 색을 내며 유하채이기 때문에 색이 바래지 않는다는 장점이 있다. 더 중요한 것은 하얀 바탕에 청색 무늬가 선명한 대비를 이루며 맑고 우아한 느낌을 주는데 어떤 측면에서 보면 중국 전통 수묵화의 효과를 살렸다는 것이다. 이 때문에 청화 자기는 세상에 나오자마자 크게 유행하여 이를 생산하는 경덕진도 중국의 자도로서 전 세계적으로 널리 이름을 떨치게 되었다.

명 영락(永樂)에서 선덕(宣德)[8] 연간까지의 시기에는 최고 수준을 자랑하는 청화 자기가 생산되어 중국 청화 자기의 황금기라 할 수 있다. 이 시기의 청화 자기는 태토와 유약이 세밀하고 청색이 선명하며 각양각색의 형태와 아름다운 문양을 지니게 되었다. 여기에 사용한 청색 안료는 정화의 대함대가 이슬람 지역에서 가져온 '소마리청(蘇麻離青)'이라는 것을 사용했다고 한다. 이 안료는 망간 함유량이 적고 철 함유량이 높아 적절한 불꽃 속에서 청색 보석 같은 농염한 색채를 만들어낼 수 있었다. 장식에는 주로 덩굴, 모란, 장미, 동백꽃, 국화 등의 문양을 넣었다. 동물 문양으로는 기린이나 해수(海獸)가 몇몇 보이는 것 말고는 대부분 용봉 문양이며 선녀누각(仙女樓閣)이나 영희도(嬰戲圖) 등도 있다.

청나라의 청화등왕각도항(青花滕王閣圖缸)

투채(鬪彩)

청화 자기에 이어 등장한 것이 투채이다. 투채란 유약 밑에 청화로 문양의 윤곽을 그리고 소성 후 유약 위에 다시 문양에 필요한 각종 색채를 입히고는 다시금 800℃ 정도의 저온에서 한 번 더 구워낸 것을 말한다. 즉 투채는 유약 밑에 청색 무늬를 그리는 기법과 유약 위에 색채를 입히는 기법이 결합된 복합적 채화 자기이다. '투채(鬪彩)'라는 이름은 유하청하(釉下青花)와 유상전채(釉上填彩)가 서로 아름다움을 뽐낸다는 의미이다.

투채 공예는 명 선덕 연간부터 시작되었는데 성화(成化)[9] 연간의 투채가 가장 유명하여 흔히 '성화 투채'라 부른다. 선덕 투채의 유상채는 주로 홍채 한 가지였는데 성화 투채의 유상채는 대개 서너 가지의 색을 썼으며 여섯 가지 색을 사용한 것도 있다. 사용된 색채의 특징도 극히 선명한데 선홍색은 피처럼 진하고 유홍(油紅)색은 무겁고 광택이 나며, 짙은 녹색은 색채가 깊고 푸른빛을 띠며 연두색은 투명하고 엷은 비취색을 띤다. 성화 투채는 대부분 소형 기물이 많아 여러 가지 모양의 술잔, 고족배(高足杯), 뚜껑이 달린 작은 항아리(小型盖罐) 등이 있다.

투채 외에도 명대에는 오채자(五彩瓷)라는 것도 있었는데 만드는 원리는 투채와 비슷하지만 단지 유하 청화의 문양과 유상채의 그림이 서로 딱 들어맞는 것이 아니고 색채나 구도에서 서로 보완해 주는 관계이다.

법랑채(琺琅彩)

법랑채 자기는 청대 강희, 옹정, 건륭 황제의 통치 시기에 황실을 위해 만들어진 극히 고급스러운 궁정어자(宮廷御瓷)로 속칭 '고월헌(古月軒)' 자기라고도 하였다. 화학적 분석에 의하면 여기에 쓰인 채색 안료는 중국의 전통적인 것이 아니고 외국에서 들여온 것이었다. 장인

좌 원나라의 청화유리홍개관(青花釉里紅盖罐), 하북 보정(保定) 출토

우 명나라의 오채어조문개관(五彩魚藻紋盖罐)

들은 보드랍고 눈처럼 하얀 태토를 빚어 풍부한 색조를 갖는 법랑채로 문양을 그렸는데 안료가 약간 두껍기 때문에 문양이 약간 튀어나와 입체감을 준다. 법랑채 자기는 궁궐 내에서만 비밀리에 만들어졌는데 경덕진에서 1차로 구워낸 다량의 백자기 중 가장 좋은 것들을 북경으로 보내면 청황궁 내무부(內務府)에서 설치한 제작소에 있는 화가와 장인들이 여기에 그림을 그리고 다시 구워냈다. 정교하고 아름다운 이 자기는 전부 청대 황궁에서만 만들어졌기 때문에 생산량도 적고 밖으로 유출된 적도 없어 청대에는 민간에 이와 비슷한 자기가 존재하지 않았다.

분채(粉彩)

분채 자기는 오채자를 바탕으로 하고 법랑채의 제작 방식를 응용하여 만들어낸 또 하나의 유상채 자기이다. 옹정 시기의 분채가 특히 고급스러운데 일부 문양은 하얀 유리 가루(玻璃白粉)로 바탕을 칠하고 중국 전통 회화 기법 중의 하나인 몰골법(沒骨法)*으로 선염(渲染)**하여 음양과 농담이 있는 입체감을 부각시켰다. 여기에 그려진 화조(花

---

* **沒骨法**: 윤곽선을 사용하지 않고 바로 색채나 수묵으로 그리는 화법

** **渲染**: 먹이나 색채로 각 단계의 점진적인 변화가 보이도록 축축히 번지듯 칠하는 기법

鳥), 인물, 어충(魚虫) 등은 실물과 흡사하며 선이 부드럽다. 색채도 매우 풍부하여 백색 바탕 외에도 붉은 산호색이나 녹색의 바탕색도 사용하여 매우 화려하고도 아름답다.

명나라 초기부터는 경덕진으로 대표되는 자기 생산이 전국적으로 크게 발전하였고 또한 일곱 차례에 이르는 정화 함대의 원정으로 촉발된 무역 활동으로 인해 중국 자기의 해외 수출이 급증하였는데 1년 수출량이 수만 개에 이르렀으며 일본, 조선, 동남아 지역 외에 유럽, 미주, 아프리카까지 팔려 나갔다. 이들 자기는 외국인들에게 큰 인기를 끌어 수많은 왕후 귀족과 부상(富商)들이 궁전과 주택에 진열해 놓았고 심지어 황금보다 값진 보물처럼 여기기도 하였다. 자기 무역은 주로 해상을 통해 이루어져 학자들은 '도자기의 길(陶瓷之路)'이라 명명하기도 하였다.

명나라의 덕화요(德化窯) 첩이호(貼螭壺). 주둥이와 뚜껑, 손잡이가 작은 교룡(蛟龍)으로 되어 있다.

[1] **두**(豆): 원시 제기의 하나. 나팔꽃처럼 아래가 퍼진 받침대 위에 짧은 굽이 있고 그 위에 둥근 사발이 얹혀 있는 형태의 식기

[2] **타호**(唾壺): 가래나 침을 뱉도록 마련한 그릇

[3] **인합**(印盒): 도장을 넣어두는 상자

[4] **집호**(執壺): 술을 따르는 데 쓰는 목이 긴 병

[5] **양송**(兩宋, 960~1279): 북송과 남송을 말한다.

[6] **흑유자**(黑釉瓷): 흑정(黑定). 중국 정주(定州)에서 나는 검은 도자기

[7] **장유자**(醬釉瓷): 자정(紫定). 중국 정주에서 나는 자기로 철유(鐵釉) 때문에 자줏빛을 띤다.

[8] **선덕**(宣德, 1426~1435): 명나라의 제5대 황제(재위 1425~1435)의 연호. 선덕제는 영락제의 순행, 정토에 수행했고 숙부 한왕의 반란을 진압했으며 우량하이의 침공을 격파했으나 적극적인 대외 정책은 쓰지 않았다. 내정 면에서도 큰 치적을 올렸다.

[9] **성화**(成化, 1465~1487): 명나라의 제8대 황제의 연호. 선덕제의 손자이며 영종의 아들이다. 아버지 영종(英宗)이 오이라트와의 전투에서 포로로 잡혀갔고 숙부인 경태제가 즉위하여 황위 계승에서 멀어지지만 1457년 탈문의 변을 통해 다시 황태자에 책봉된다. 즉위 후에는 도교와 불교를 맹신하여 국가 재정이 악화되었다.

제10장 • 가구(家具)

중국의 전통적 기거(起居) 방식은 시대에 따라 땅바닥에서 생활하던 방식(平坐)과 다리를 내리고 걸터앉아 생활하는 방식(垂足高坐)으로 크게 나뉜다. 중국 전통 가구의 형태, 기능과 배열 방식은 주로 이 두 가지 생활 방식과 맞물려 변화, 발전하였다.

평좌(平坐) 생활 시기의 가구

한나라 이전까지 중원 지역에서는 바닥에서 생활하는 방식을 고수하였다. 방 안에는 연(筵)[1]을 깔고 그 위에 자리를 만들어 놓았으며 앉는 자세로는 무릎을 꿇고 앉는 것이 일반적이었고 웅크리거나 다리를 펴고 앉는 것은 예의에 어긋나는 것으로 여겨졌다. 이 시기 가구는 용도에 따라 네 종류로 나뉜다. 앉거나 눕는 데 쓰는 가구로 석(席), 상(床) 그리고 혼자 앉는 길고 좁은 평상(榻), 물건을 놓는 가구로는 장방형 탁자(案)과 작은 탁자(幾), 가림용 가구로는 병풍과 휘장, 물건을 보관하는 가구로는 상자(箱), 화장 상자(奩), 좁고 긴 상자(篋) 등이 있었다.

17세기의 황화리목(黃花梨木) 왜고부수의(矮靠扶手椅)

이 가구들은 바닥에서 생활할 때 사용되었기 때문에 높이가 매우 낮았는데 하남 단성(鄲城)에서 발견된 왕군석좌탑(王君石坐榻)은 전체 높이가 19cm이며 장사 마왕퇴 한묘(漢墓)에서 출토된 작목태칠안(斫木胎漆案)은 높이가 5cm에 불과하다.

고좌(高坐) 가구의 유입

위진 남북조 시대에는 전란으로 인하여 수많은 중원의 민족들이 대거 남하하였고 원래 서북과 동북 지

16세기 말의 황화리목(黃花梨木) 접이식 두안(頭案)

역에 살던 유목 민족은 중원으로 들어왔는데 민족끼리의 교류와 융합이 진행되면서 중원 지역의 예법도 전통을 고수하기 어려워졌다. 예를 들어 앉는 자세만 해도 웅크리거나 다리를 펴고 앉는 자세가 중원 지역에서는 예법에 어긋나는 것 인데 반해 유목 민족들은 이를 극히 정상으로 생각하였다. 그렇기 때문에 이 시기에 걸터앉기 위한 의자나 걸상(椅凳)이 중원 지역으로 점점 더 많이 유입되기 시작하였다.

먼저 동진 16국(東晋十六國) 시기를 살펴보면 당시의 조소나 회화 작품에는 걸터앉는 가구의 모습이 출현하기 시작한다. 비교적 이른 시기의 작품은 대개 불교 예술과 관련이 있는데 특히 불교 석굴사 안에서 집중적으로 발견된다. 이러한 가구 중 흔히 볼 수 있는 것이 속요원등(束腰圓凳)[2]이다. 신강 키질 석굴에 있는 본생담 고사를 그린 벽화 중에는 식물의 가지를 엮어 만든 이러한 속요원등을 많이 볼 수 있는데 그중 바깥쪽을 직물로 감싼 것도 보인다. 운상 석굴에도 속요원 등을 묘사한 부조가 있다.

속요원등 외에도 돈황 벽화에는 방등(方凳)[3]도 보인다. 제257굴의 '사문수계자살연품(沙門守誡自殺緣品)'이라는 고사가 담긴 그림 속에는 두 가지 종류의 방등이 등장하는데 하나는 사람 종아리 높이의 네 발이 달린 방등이고 다른 하나는 입방체(立方體) 모양의 네모난 방돈(方

墩)이다. 제258굴의 서위(西魏) 벽화에는 의자의 모습도 보이는데 참선하는 수행자 한 명이 의자 위에 책상다리를 하고 단정하게 앉아있는 그림인데 의자의 형태는 매우 명확하게 묘사되어 다리 네 개가 있고 뒤쪽에는 등받이, 양쪽에는 팔걸이가 있다.

불교 예술 외에 세속 생활을 묘사한 묘실 벽화 속에도 이러한 모습의 가구를 볼 수 있다. 산동 청주에서 발견된 북제 시기 석곽(石椁)의 선조화 속에는 묘주가 속요원등에 걸터앉아 있는 그림이 있다. 동한 말에 이미 보급되어 있었던 접이식 의자인 호상(胡床)[4]도 이 시기에 보다 보편적으로 사용되어 부녀자들까지도 사용하였다. 하북 업성(鄴城)의 동위(東魏) 무정(武定) 5년(547)의 묘에서는 호상을 휴대한 여시용이 출토되었는데 묘주는 여성이었다.

고족(高足) 가구의 발전

수당 시대로 접어들자 새로운 스타일의 높이 걸터앉는(垂足高坐) 가구가 봇물처럼 생겨났다. 이전 시대와 비교해 보면 남북조 시대에는 가구가 등장하는 그림이 대개 불교 미술품에서 발견되었고 특히 석굴사의 회화와 소조에서 많이 보였는데 수당 시대에는 대부분 세속적인 미술품, 즉 묘실 벽화나 부장용군 그리고 세속 생활을 묘사한 회화, 특히 궁정 생활을 그린 두루마리 그림(畵卷) 등에서 많이 발견된다. 이는 새로운 스타일의 고족 가구가 궁정과 민간에서 널리 유행하여 일상생활 속으로 깊이 파고들었다는 것을 보여준다.

당나라 장회 태자(章懷太子) 이현(李賢)의 묘안의 벽화와 주방(周昉)의 작품인 〈휘선시녀도(揮扇侍女圖)〉 등에서는 궁정 생활을 묘사하고 있는데 여기에 등장하는 가구로는 방등과 팔걸이가 있는 왜권의(矮圈椅) 등이 있다. 섬서에서 발견된 당나라 천보(天寶) 15년(756) 고원규(高元珪)의 묘에는 묘실 정벽에 묘주가 의자에 앉아 있는 모습이 그려

17세기의 황화리목 권의(圈椅)[5]

져 있다. 고원규의 벼슬은 명위(明威) 장군으로 종 4품이었다. 이로 미루어볼 때 당시 비교적 높은 벼슬을 하던 고관들의 집에서도 이미 이러한 고족 가구를 사용했음을 알 수 있다. 물론 일반 서민의 집에서도 신식 가구가 널리 사용되었다. 섬서 장안현(長安縣) 남리(南里) 왕촌(王村)에 있는 위(韋)씨 가족 묘의 묘실 벽화에는 여섯 칸으로 된 병풍이 그려져 있는데 병풍 그림 속에는 방등에 걸터앉은 아녀자의 모습이 보인다. 또한 사람들이 긴 걸상에 앉아 긴 탁자 위에서 연회를 즐기는 그림도 있다. 서안 일대의 당묘(唐墓)에서 출토된 도용과 삼채용 중에는 속요원등에 앉아 거울을 보는 시녀(侍女)라든가 걸상 위에 걸터앉아 노래를 부르는 예인(藝人)이 등장한다.

당 왕조 이후에 생겨난 새로운 스다일의 고족 가구는 그 종류가 다양할 뿐 아니라 가구마다 기능이 뚜렷하게 구별되어 완벽한 조합을 이루기 시작하였다. 하북 곡양(曲陽) 왕처직(王處直)의 묘실 벽화 같은 오대 시기 묘실 벽화에서는 탁자, 걸상, 큰 상, 병풍 등의 가구를 볼 수 있다. 또한 남당의 화가 주문구(周文矩)의 〈중병회기화(重屛會棋畵)〉와 고굉중(顧閎中)의 〈한희재야연도(韓熙載夜宴圖)〉 등 오대 시기 회화 작품에서도 의자, 탁자, 걸상, 긴 평상, 큰 상과 각양각색의 병풍이 보인다. 송원 시기에 들어서면 탁자, 의자와 병풍, 옷걸이 등 일상생활에서 쓰는 고족 가구들은 구조나 형식이 상당히 정형화되었으며 진열 방식이나 스타일도 고정되었다. 이미 출토된 다수의 송원 묘실 벽화나 전조화를 보면 묘실 정벽의 벽면에는 대개 음식물이 가득 담긴 접시가 놓여 있는 높은 탁자 양옆에 남녀 주인이 높은 의자에 앉아 마주보고 있고 의자 뒤에는 각각 병풍이 놓여 있는 모습이 묘사되어 있다.

고족 가구의 발전은 중국 가구의 황금시대라 할 수 있는 명식(明式) 가구의 출현에 밑바탕이 되었다.

명식(明式) 가구의 출현

15~17세기인 명대 중엽 즈음부터 청대 전기까지에 중국 전통 가구는 황금기로 접어든다. 이 시기에 만들어진 대량의 우수한 제품들은 기존의 실용적인 기능을 크게 뛰어넘어 섬세하고 아름다운 예술품의 경지에 올랐다. 사람들은 바로 이 시기의 가구들을 일컬어 '명식 가구'라 통칭한다.

명식 가구는 주로 다음과 같은 몇 가지 배경 속에서 등장하게 되었다. 먼저 도시의 번영, 상품 경제의 발전으로 가구의 진열을 매우 중시하는 사회 풍습이 생겨났다. 그리고 해외 교통이 발달하면서 동남아 지역의 화리(花利), 자단(紫檀), 마호가니 등의 우수한 목재들이 중국으로 수입되어 정교하고 아름다운 경목 가구(硬木家具)를 만들 수 있게 되었다. 또한 평삭(平削) 공구, 특히 대패류의 공구가 발명되어 목재를 더욱 정밀하게 가공하게 되었다. 명대에 평삭 공구가 크게 발전한 것과 명식 가구의 대량 생산은 거의 맞물려 이루어졌다.

명식 가구의 종류는 용도에 따라 크게 앉거나 눕는 것, 물건을 놓는 것, 가림(屛障)용, 물건을 보관하는 것 등으로 나뉜다. 그러나 생활 습관이 변하면서 앉는(坐) 가구와 눕는(臥) 가구는 완전히 다른 종류로 분화되었고 가림용 가구의 중요성은 크게 감소되어 다른 가구 유형과 나란히 언급할 수 없게 되었다. 이를 감안하여 다시금 분류해보면 의자와 걸상(椅凳), 탁자와 책상(桌案), 침상과 평상(牀榻), 장과 궤(柜架)와 그 외의 것으로 나눌 수 있다.

명식 가구의 특징

명식 가구의 첫 번째 특징은 고급 목재를 선별하여 사용한다는 것이다. 현존하는 우수한 명식 가구를 보면 거의 전부가 황화리(黃花梨), 자단(紫檀), 가래나무, 밤나무, 느티나무 등 우수한 경목(硬木)을 사용하였다. 그중 가장 대표적인 것이 황화리로서 이는 색채가 안정감 있고 단아하며 무늬는 보일 듯 말 듯 은은하게 드러나는 자연스러운 화려함을 가지고 있어 큰 인기를 끌었다. 1980년대 중국 본토와 홍콩에서 공동 출판한 『명식 가구 진상(明式家具珍賞)』에 수록된 가구 작품은 총 160건인데 그중 황화리로 만든 것이 100건이 넘는다. 자단(紫檀)은 예로부터 진귀한 목재로 알려졌는데 여러 경목 중에서도 가장 단단

좌 16세기 말의 황화리목(黃花梨木) 방등(方凳)

우 17세기의 황화리목 육방형(六方形) 조화화분가(雕花花盆架)

16세기 말의 황화리목 족조기(足條幾)

하고 무거우며 자흑색을 띤다. 어떤 것은 옻칠한 것처럼 검은데 거의 무늬가 드러나지 않아 깊고 그윽한 고전미를 보여준다. 가래나무는 조직이 치밀한데 종단면의 나뭇결이 특히 섬세하고 새의 목이나 날개 부분의 매끄러운 털처럼 찬란한 광채를 발한다. 밤나무와 느티나무는 생산량도 많고 가격도 비교적 저렴한 경목류 목재로서 재질도 꽤 단단하고 무늬도 보기 좋아 장인들이 즐겨 사용하였다.

명식 가구의 두 번째 특징은 유순하고 온화하다는 것이다. 명의 종실과 귀족들은 대부분 군공(軍功) 귀족 출신으로 원래부터 번잡한 것을 싫어하였고 문인 계층에서도 간결하고 우아한 것을 좋아하여 명식 가구는 전체적으로 간결한 구조와 명쾌하고 유려한 곡선으로 우아한 아름다움을 갖는 스타일로 제작되었다. 아울러 가구를 제작하는 도구가 개량되면서 명식 가구는 세세한 부분까지도 정교하고 세심하게 만들어질 수 있었다. 바로 이러한 간결하고 우아한 스타일이 명식 가구가 오랫동안 시들지 않는 매력을 뿜어내는 이유이다.

세 번째 특징으로는 이음새가 너무나도 자연스럽고 정교하게 맞추어져 있다는 것이다. 중국 고대 목가구 구조 건축에서 유래한 장부맞춤식 구조는 명대 가구에도 적용되어 뛰어난 솜씨를 보여주고 있다. 가구의 자재를 서로 이어 맞출 때는 금속 못을 전혀 쓰지 않았고 아교 같은 접착제도 단지 보조 수단으로만 사용하였으며 전체의 이음새는 모두 장부 접합 방식으로 짜 맞추었다. 상하좌우의 세세한 부분까지도 모두 자연스럽고 세련되게 연결하였는데 그 정확함과 매끄러운 이음새를 보면 머리카락 한 올도 들어갈 틈이 없을 정도로 완전무결한 느낌을 받게 된다.

명청 주택의 실내 배치

명청 주택의 청당(廳堂), 와실(臥室), 서재(書房) 등에는 모두 각 방에 어울리는 가구가 배치되었으며 비교적 일정한 형식을 갖게 되었다. 특히 청대에 들어서 실내 가구는 대부분 한 세트를 이루어 대칭적으로 배치되었는데 문 맞은편 창문 옆에 있는 탁자와 앞뒤의 첨항(檐炕)[6]을 중심으로 작은 탁자(幾)와 의자(椅)가 세트로 배치되어 있는데 탁자 하나에 의자 두 개 혹은 탁자 두 개에 의자 네 개로 이루어져 있고 장(柜), 궤짝(橱), 서가(書架) 등도 대부분 대칭으로 배열되어 있다. 실내의 분위기가 밋밋해지는 것을 막기 위해 각각의 가구들 사이에는 서화(書畵), 병풍, 골동품이나 그릇 같은 것을 진열하여 장식 효과를 높였다.

거실인 정청(政廳)* 안의 전형적인 가구 배치를 보면 정면에 큰 그림이 걸려 있는 곳을 중당(中堂)이라 하는데 중당 양쪽에는 한 쌍의 대련(對聯)이 걸려 있다. 대련이란 각각 글자 수가 똑같고 문장의 뜻도 서로 대구를 이루는 운문(韻文)이다. 그 아래에는 긴 장방형 탁자가 있어 그 위에 진열용 자기를 올려놓고 바로 그 앞에는 네모난 큰 탁자가 있는데 이를 '팔선탁(八仙桌)'이라고도 한다. 8명이 서로 마주보고 둘러앉을 수 있는데 이는 앉

* 政廳: 혹은 당옥(堂屋)이라고도 한다.

16세기 말의 황화리목 옷걸이

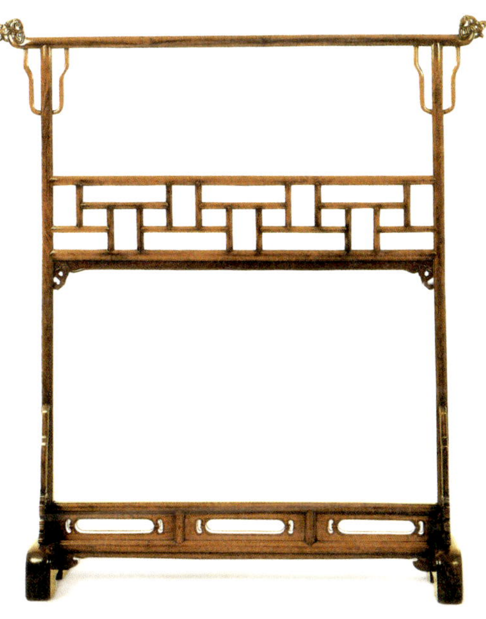

16세기 말의 황화리목 오병풍식(五屛風式) 경대(鏡臺)

아서 등선(登仙)하였다는 도교 전설 속 8명의 신선이 한데 모였다는 의미가 있다. 탁자 양옆에는 큰 등받이가 달린 의자가 있는데 이를 '태사의(太師椅)'라고도 부른다. 옆에는 벽이나 난각(暖閣)* 쪽으로 사각형이나 원형의 높은 탁자를 붙여 세워놓고 그 위에는 계절마다 피는 꽃이나 공예품을 올려놓는다.

응접실은 당옥(堂屋)의 옆에 있는데 대부분 반(半) 개방식의 난각으로 당옥과는 대개 천장과 바닥을 관통하는 조각 장식이 있는 나무로 된 상징적인 칸막이로 구분된다. 응접실에는 여러 개의 보석함, 방형이나 원형의 탁자, 의자, 높은 걸상(高凳)이 놓여 있어 귀하고 친한 손님을 대접하는 데 쓰인다.

서재도 당옥 옆에 있는데 어떤 곳은 서재만 따로 짓는 곳도 있다.

* 暖閣: 온돌방

가구로는 책장, 골동품 진열장, 책상, 의자, 긴 탁자, 바닥 깔개 등이 있다.

고대 북방 사람들은 기후 때문에 항(炕)[7] 에서 자는 습관이 있으며 남방 사람들은 대개 나무 침대에서 잔다. 간단한 나무 침대에는 네 귀퉁이에 휘장을 거는 나무틀이 있으며 복잡한 침대는 마치 이동식의 작은 방같이 생겼다. 중국 남자들은 오랫동안 유교의 '신체발부수지부모(身體髮膚受之父母)'라는 관념의 영향을 받아 머리를 자르지 않고 묶고 다녔는데 이 때문에 침실 안에는 장롱과 옷궤, 찻잔 탁자와 의자 외에도 머리를 다듬는 화장대 같은 목가구가 있었다.

명청 가구의 성숙과 발전은 명조 이후 사회 경제의 번영과 같이 이루어졌다. 경제적으로 풍요로워지면서 사람들은 좀 더 편안하고 한가로운 생활환경을 원하게 되었으며 또한 경제와 문화가 번영을 구가하면서 사회적 교류도 왕성하게 되어 이러한 예술성과 실용성을

16세기 말의 황화리목 사각장

겸비한 청당 가구(廳堂家具)가 급속히 생겨나게 되었고 아울러 중국 봉건 사회 후기의 종법 전통에 맞는 가정 문화의 중요한 일부분을 이루게 된 것이다. 청 중기 이후에는 사회에 사치 풍조가 만연하면서 실내 가구도 많아지고 가구의 형태나 장식도 점점 복잡해져 명식 가구의 간결하고 소박한 특징은 거의 없어졌다.

1| **연**(筵): 방바닥 맨 밑에 깔던 일종의 돗자리

2| **속요원등**(束腰圓凳): 둥근 등받이가 없이 좌판만 있는 걸상

3| **방등**(方凳): 등받이가 없이 좌판만 있는 의자

4| **호상**(胡床): 지금의 휴대용 의자 같은 것

5| **권의**(圈椅): 팔걸이가 붙은 둥근 의자

6| **첨항**(檐炕): 방가에 있는 조그만 온돌 침상

7| **항**(炕): 벽돌을 쌓고 그 사이에 난방용의 연기 구멍을 만들어 놓은 침대

제11장 • 칠기(漆器)

칠기 예술은 중국 전통 공예의 독특한 갈래로서 목재나 견직물 위에 칠 안료를 몇 번 또는 몇십 번 발라 만드는 것으로 '휴(髹)'라고도 불렸다. 이렇게 만들어진 그릇 등은 가볍고 보기 좋으며 항산성, 항알칼리성을 띠며 습기와 부패를 방지한다.

선사 시대의 칠기

현재 발견된 중국 최초의 칠기는 약 7000년 전에 절강 여요(余姚) 하모도 문화(河姆渡文化) 유적지에서 발굴된 것으로 투박한 나무 그릇 안팎에 붉은색의 칠이 남아 있는데 화학 분석 결과 일종의 생칠(生漆)로 밝혀졌다. 약 3000년 전에 절강 양저 문화 시기에 만들어진 감옥고병주칠배(嵌玉高柄朱漆杯)를 보면 당시 칠기를 만들 때 옥 조각품과 결합시켜 실용 기능을 뛰어넘는 예술품으로 제작하였음을 알 수 있다.

칠기의 최초 번영기

북경, 하남, 하북, 산동, 섬서, 감숙, 호북, 안휘 등 드넓은 지역에서 출토된 하상주(夏商周) 삼대 시기의 칠기를 보면 B.C. 21세기에서 B.C. 5세기까지의 기간에 칠기가 첫 번째 번영기를 맞았음을 알 수 있다.

동오주연묘(東吳朱然墓) 칠도화(漆槅畫). 안휘 마안산(馬鞍山) 출토

동주 전국(東周戰國) 시기는 중국 칠기 발전의 첫 번째 절정기라고 할 수 있다. 이때는 마침 청동기 공예의 전성기가 끝나고 가볍고 내구성이 좋으며 장식이 아름다운 칠기가 상류층으로 대량 유입되기 시작한 시기였다. 이 시기의 발굴품 중에는 칠기가 대량으로 발견되는데 특히 초(楚)[1]나라의 묘장에서 가장 많이 출토되었으며 형태도 가장 아름답다.

전국 시대의 칠관채화(漆棺彩畵). 호북 형문창산(荊門倉山) 대총(大冢) 출토

당시 초나라에서는 옻나무가 매우 많아 목재와 칠이 풍부하였고 기후가 온난하여 칠기를 만드는 과정에서 칠 표면이 쉽게 마르거나 균열이 생기지 않았다. 이 지역에는 강과 호수가 많아 토양이 중성을 띠었고 지하수의 수위도 높았는데 이 때문에 초나라의 묘장 깊숙이 묻혀 있던 다량의 아름다운 고대 칠기가 1000년이 지나도 원래의 모습대로 보존될 수 있었다. 지금까지 발견된 초나라의 칠기는 배(杯), 두(豆), 합(盒), 갑(匣)[2] 등 소형 기물 외에도 대형의 관(棺), 침상(床), 종 받침대(鍾架), 경쇠 걸개(磬架)와 병기의 겉에도 채칠(采漆)을 하였다. 칠의 빛깔은 붉은색과 검은색 두 가지를 기본으로 사용하였는데 소형 기물에 칠을 바를 때는 대개 '붉은색을 안쪽에, 검은색을 바깥쪽(朱畫其內, 墨染其外)'에 발랐다. 안쪽에 바른 붉은색은 색조가 강렬하고 눈에 확 띄며 기물을 유연하고 예쁘게 보이게 한다. 바깥에 바르는 검은 칠은 무거운 색으로 안정감 있고 단아한 멋을 불어넣어 준다. 붉은색과 검은색이 대비되며 차갑고 따뜻한 느낌이 서로 섞여 있어 칠기는 단정함과 더불어 화려함을 드러낸다. 물론 붉은색과 검은색의 칠은 화학적 안정성이 제일 좋아 사람들은 아마도 일찍부터 이 점을 간파하고 있었던 듯하다. 때문에 목기(木器)에는 대부분 붉은색과 검은색을 바탕색으로 칠하고 장식 문양에 따라 홍색, 황색, 남색, 백색 등의 원색(原色)이나 청색, 녹색, 갈색, 금은색의 칠을 더하여 사용하였다.

원나라의 장성조(張成造) 치자 무늬 척홍반(剔紅盤)

한나라 이후 자기 제작 기술이 급속히 발달하면서 칠기는 무대 전면에서 점점 사라지는 듯하였다. 이때부터 칠

원나라의 장성조(張成造) 구름 무늬 척서합(剔犀盒)

기는 송원 이전 시기까지 중국 각지에서 매우 제한적으로 출토되었다. 그러나 삼국 시대부터 당 왕조까지 제작된 소량의 칠기 작품을 보면 그 공예 수준은 어디에 내놓아도 손색이 없는 수준이다. 1984년 안휘 마안산(馬鞍山) 동오주연묘(東吳朱然墓)에서는 약 80여 건의 칠기가 출토되었는데 국내외 학자들은 이들 칠기의 극히 뛰어난 제작 수준이나 화려한 장식을 보고 감탄해 마지않았으며 이는 현재까지 발견된 삼국 칠기의 대표작으로 꼽힌다. 특히 겉에 그려진 채색 그림은 내용이 풍부하고 선에 생동감이 넘치며 색채가 아름다워 최고의 예술적 수준을 자랑하는 칠화(漆畵) 작품으로 중국 미술사의 진귀한 유산이다.

칠기의 두 번째 번영기

칠기 공예는 원, 명, 청나라의 세 왕조 시기에 다시금 전성기를 이루었다. 이때의 칠기는 이미 일상용품에서 순수한 예술품으로 바뀌었는데 제작 기법이나 장식 기교 면에서 거의 최고의 경지를 보여주며 조칠(雕漆), 금칠(金漆), 서피(犀皮), 나전양감(螺鈿鑲嵌) 등이 있다.

조칠은 수십 층 혹은 수백 층으로 칠을 두껍게 바르고 칠의 두께가 10mm 정도 되면 그 위에 인물, 누대(樓臺), 화조 등을 새긴 것으로 제작이 복잡하고 번거로우며 척홍(剔紅), 척황(剔黃), 척채(剔彩), 척서(剔犀) 등으로 구분된다. 금칠은 니금(泥金), 묘금(描金), 창금(戧金) 등 몇 가지 종류가 있는데 그중 창금이 제작도 가장 어렵고 제일 화려하다.

원대에 절강 일대에는 칠공예가들이 많이 모여 있었는데 특히 가흥의 척홍(剔紅) 고수인 장성, 양무의 명성이 가장 높았다. 현재 북경 고궁 박물관에 소장되어 있는 '장성조(張成造)'라 새겨져 있는 치자 무늬의 척홍반(剔紅盤)과 '양무조(楊茂造)'라 새겨진 꽃문양의 척홍존(剔紅尊)은 모두 원대 척홍 칠기의 정수로 꼽힌다.

명나라 때 전국 각지에는 특정한 칠기 공예로 유명해진 칠기 제작 중심지가 여러 곳 생겨났는데 운남(雲南)의 조칠, 양주(揚州)의 백보감(百寶嵌), 소주(蘇州)의 금칠기(金漆器), 산서의 금칠 가구 등이 널리 알려졌으며 각자 일파(一派)를 이루며 서로의 기량을 뽐냈다. 특히 명 융경(隆慶)[3] 연간에 안휘 신안(新安)의 칠기 공예가였던 황대성(黃大成)은 칠기 제작뿐 아니라 저술에도 능하여 칠기 예술을 집대성한 저작인 『휴식록(髹飾錄)』을 집필하였다. 그는 옛사람들과 스스로의 경험을 토대로 중국 전통 칠기의 제작 방법, 원재료, 공구(工具) 등을 총 14종류로 나누어 서술하였다. 이는 고대 중국의 유일한 칠기 공예 전문서로 학술적으로 중요한 가치가 있다.

청대의 칠기 공예는 옹정, 건륭(乾隆)[4] 연간에 가장 흥성하였는데 남방 지역의 수준이 더 높았다. 절강, 강소 지역은 전통적으로 우수한 칠기를 생산하고 있었고 광동과 복건의 칠기는 세심한 재료 선택과 풍부한 상감 장식 등으로 인해 중국뿐 아니라 해외로도 날개 돋친 듯 팔려 나갔다.

건륭 시기에 청 왕조는 아조(牙雕) 장인들로 하여금 조칠을 제작하도록 명하여 수많은 궁정 조칠 예술품이 탄생하였다. 그러나 당시 칠

묘금흑지산수누각도(描金黑地山水樓閣圖) 칠수로(漆手爐). 청나라 옹정에서 건륭 연간

기의 주 생산지는 역시 강남의 소주 등지였다. 『소주부지(蘇州府志)』에 보면 "소주의 칠기로는 퇴광(退光), 명광(明光), 척홍(剔紅), 척흑(剔黑), 채칠(彩漆) 등 여러 종류가 있는데 하나같이 정교하고 아름답다."는 기록이 있다. 예술품을 사랑하였던 건륭 황제 덕에 칠기 예술은 크게 흥성하였는데 궁정에서는 소주 등지에 대량으로 주문을 내어 이 지역의 조칠이 건륭 연간에 크게 발전하게 되었다. 동시에 각종 채색 칠기, 금 칠기, 상감 칠기도 황제의 사랑을 받았다. 양주에서 제작된 백보감(百寶嵌) 같은 것은 금은, 보석, 진주, 비취, 마노(瑪瑙), 대모(玳瑁), 녹송석, 나전(螺鈿), 상아, 밀석(蜜腊), 침향(沈香) 등 10여 가지의 진귀한 재료들을 칠기 위에 장식하고 상감하여 인물산수, 수목누대(樹木樓臺), 화훼비조(花卉飛鳥) 등의 문양을 장식하였다. 병풍이나 책상, 의자처럼 큰 것에서부터 작은 상자나 책꽂이 등 작은 것들까지 있었는데 색채와 문양은 매우 화려하지만 그 속에 번잡함과 군더더기가 많아 과장되고 지나치다는 아쉬움이 약간 있다.

1) **초**(楚): 춘추 전국 시대의 나라 중 하나이며 춘추오패(春秋五霸) 가운데 양자강 중류 지역을 차지한 나라이다. 뒤에 전국 칠웅의 하나가 되었으나 B.C. 223년에 진(秦)나라에 망하였다.

2) **갑**(匣): 나무로 네모지게 만든 제기로 고기나 내장을 담는 데 쓰인다.

3) **융경**(隆慶, 1567~1572): 명나라 제13대 황제 목종(穆宗, 1537~1572) 때의 연호

4) **건륭**(乾隆, 1711~1799): 청나라의 전성기를 주도한 제6대 황제(1736~1795 재위). 정치적 능력 외에도 기본 자질이 매우 뛰어나 사회 전반에 많은 관심을 기울였다. 생전에 『사고전서(四庫全書)』를 완성했고 선교사와 유럽의 문화를 받아들이기도 하였다.

제12장 • 공예품(工藝品)

이 장에서 소개하는 것들을 한데 묶어 '공예품'이라 부르는 것은 언뜻 보면 비과학적이고 정확하지 않은 측면이 있기는 하지만 중국에서는 일반적인 개념이다. 이 작품들은 골동품 중 '잡항(雜項)'으로 분류되는데 잡항 속에는 옥기(玉器)나 조칠, 비연호(鼻烟壺)[1] 등 좀 더 다양한 품목들도 포함되기 때문에 간단하게 비주류의 공예 미술품을 통칭하는 것으로 이해하면 된다.

명청 시대에는 방을 꾸미거나 실내의 관상용(觀賞用) 작품에 대한 수요가 늘어났다. 그러면서 각 분야의 공예 장인들이 세심한 공을 들여 다량의 공예 미술품을 만들어냈는데 그 종류의 다양함이나 공예 수준은 역사를 통틀어 최고라고 꼽을 만하였다. 이러한 공예품들로는 크게 죽목아각기(竹木牙角器), 포기(匏器), 직수(織綉), 경태람(景泰藍), 자사호(紫砂壺), 문방용구(文房用具) 등이 있다.

청나라의 죽근조(竹根雕) 이철괴(李鐵拐)

죽목아각기(竹木牙角器)

죽목아각기는 중국 전통 골동품의 한 종류로 대나무, 나무, 상아, 물소뿔 등의 소형 조각 작품이나 고급 생활용품을 가리킨다. 이들은 비록 크기는 작지만 예술적으로는 최상의 기교를 보여준다.

죽조(竹雕)는 죽각(竹刻)이라고도 하는데 묘장에서 최초로 발견된 것은 전한 마왕퇴 1호 묘의 것이며 북방의 서하 고묘에서도 죽조의 잔편들이 발견된다. 남북조 이후 문인들의 기록 속에서도 죽각 제품에 관한 글이 보이기는 하지만 대나무가 쉽게 부패되는 관계로 송원 시대까지의 묘장에서는 거의 발견되지 않는다.

명나라 중엽부터 죽각 공예는 하나의 전문적 영역으

로 자리 잡기 시작하였다. 명 말기의 가정(嘉定)[2] 사람인 주학(朱鶴)과 그 아들인 주영(朱纓), 손자인 주치정(朱稚征)까지 3대는 당시 유명한 죽각세가(竹刻世家)였다. 이들 3대 세 명이 창립한 가정파 죽조(嘉定派竹雕)는 후세에 매우 큰 영향을 끼쳤다. 청초의 죽각대가인 오지번(吳之璠)은 주씨 가문 3대를 이은 가정파 죽조의 최고수로 꼽힌다. 그는 가정파의 사실적인 조각을 계승함과 동시에 박지양문죽각(薄地陽文竹刻) 기법을 창안하였는데 이 기법을 목각(木刻)에 적용하여 만든 인물, 화목(花木), 산수 조각품은 정교하고 아름다우며 풍부한 볼륨감을 갖고 있다. 현재 북경 고궁 박물관에 소장된 동산보첩도황양목필통(東山報捷圖黃楊木筆筒)은 오지번의 대표적인 작품으로 박지양문각법을 적용하여 형태가 산뜻하고 매끄럽다. 또한 고부조(高浮雕)* 기법을 사용하여 인물과 풍경들이 마치 살아 움직이는 듯한 동태적 효과를 보여준다.

상나라의 감송석상아배(嵌松石象牙杯), 안양 은허 출토

죽각은 재료가 비교적 저렴하고 재질도 금옥동석(金玉銅石)보다 훨씬 연하기 때문에 수많은 문인 사대부들이 죽각을 즐겨 하였다. 하지만 재료 자체의 한계로 인해 죽조나 죽근조(竹根雕)에는 대형 작품이 없다. 이 때문에 관상용 예술품을 제외하면 주로 필통, 향통, 인합(印盒), 묵합(墨盒) 등 문방용품으로 많이 쓰였다.

그 다음으로 목조를 살펴보면 여기서 말하는 목조는 대형 나무 조소를 말하는 것이 아니다. 이는 중국 고대에 대형 나무 조소가 없다는 것이 아니고 이러한 대형 조소들이 대부분 건축 장식이나 종교적 소재의 인물 조상으로 소장용 골동품에는 속하지 않는다는 것이다. 지금까지 전해 내려오는 수많은 대형 목조로 된 종교 인물 조상은 조상(造像)으로 분류되며 대다수는 사원에 모셔져 예배나 관상용으로 쓰인다.

* **高浮雕**: 입체의 조각처럼 두껍게 도드라진 부조

* **如意**: 중이 법회를 할 때 위엄을 나타내기 위해 지니는 막대 모양의 것

문물에서 지칭하는 목조는 주로 명청 시대에 왕성하게 제작된 소형의 인물, 공예 조소와 소형 공예품과 받침대 그리고 크기가 약간 큰 근조(根雕) 예술품 등을 말한다. 인물 조상의 내용은 대개 유가, 도가, 불교의 인물 고사이며 남방에서는 침대 받침(床架)에 고부조가 새겨진 소형 널판이 무수히 많이 보이는데 그 소재로는 이십사효(二十四孝), 팔선과해(八仙過海), 삼국인물(三國人物) 그리고 『목단정(牧丹亭)』, 『서상기(西厢記)』 등의 내용이 있다. 공예 조소로는 여의(如意)*, 진열 장식품, 걸개용 장식품 등 소형 장식물이 있다.

명청 시대의 상아, 물소뿔은 대부분 무역을 통해 해외에서 들여온 것들로 이들 조각품은 매우 복잡하고 세밀하게 제작되었다. 투조상아투구(透雕象牙套球), 편직상하사환선(編織象牙絲紈扇), 편직상아석(編織象牙席), 누조상아향통(鏤雕象牙香筒) 등은 모두 현존하는 명청 시대 상아 조각의 걸작품들이다. 물소뿔은 약용 가치가 매우 높아 대개 정교하고 아름다운 술잔으로 만들어졌는데 물소뿔 본래의 아름다운 색깔과 수준 높은 공예를 자랑하는 이 잔은 손에 쥐고 놀 수 있으면서 동시에 주정(酒精)이 분해한 물소뿔 속의 약용 성분으로 열을 내리고 해독 작용을 할 수 있다.

상아조룡선(象牙雕龍船)

포기(匏器)

포기(匏器)는 호로기(葫蘆器)라고도 하는데 인위적인 기교와 자연적인 것이 합쳐져 탄생한 중국 특유의 공예 미술품이다. 만드는 방법은 등나무에서 갓 자라는 연한 조롱박 위에 인공적으로 만든 틀을 씌워 그 틀의 형태대로 자라게 하는 것으로 박이 다 자라 틀을 벗겨내면 사람들이 원하는 각종 형태나 장식 문양을 얻게 된다. 포기는 청나라 강희, 건륭 시기에 가장 활발히 제작되었으며 병(瓶), 완(碗), 분(盆), 합(盒) 등이 있다. 포기는 제작 성공률이 극히 낮아 수백, 수천 개 중에 겨우 한두 개만이 원하던 대로 만들어지기 때문에 제대로 만들어진 것은 매우 귀하다. 또한 박은 겉이 매끄럽고 안이 부드러우며 가볍고 보온성이 좋아 세선각화(細線刻畫) 공예품을 만들거나 동명충(冬鳴蟲)을 키우는 데 쓰이기도 한다.

청 옹정 연간의 포제병(匏制瓶)

직수(織繡)

명청 시대의 직수 공예(織繡工藝)는 매우 다채로웠으며 대표적인 종류로는 비단, 단자(緞子), 공단(貢緞), 명주, 사(紗), 크레이프(crepe)[3], 능(綾)[4] 등이 있다. 특히 송원 시대에 생겨난 새로운 견직물인 단자(緞子)는 명청 시대에 매우 유행하였으며 자카드 공예*와 직금수(織金繡) 기예가 결합하여 태어난 암화단(暗花緞)[5], 섬단(閃緞)[6], 직금단(織金緞), 직금 장화단(織金妝花緞) 등이 한때 크게 성행하였다. 직금(織錦)[7]은 오랜 역사를 갖는 전통적인 견직물로 명청 시대에는 생산지와 특성에 따라 운금(雲錦), 송금(宋錦), 촉금(蜀錦), 회회금(回回錦), 장금(壯錦) 등이 있었다.

자수(刺繡)와 격사(緙絲)는 고급 견직 공예로서 송대에는 이미 실용적인 것과 예술 작품의 두 가지 종류로 나뉘었고 명청 시대에는 회화

* 무늬가 없는 직물에 도비 장치를 하여 무늬를 넣어 짜는 기술

* **顧繡**: 소주(蘇州)에서 생산되는 자수 제품

** **女紅**: 길쌈과 바느질 등 옷을 짜는 일

*** **銅掐絲琺琅**: 겹사란 금, 은, 동 따위의 가는 실을 용접해 붙이는 세공법을 말한다.

예술에 접목되기도 하였다. 예를 들어 명대 말기의 '고수(顧繡)*'의 전통을 이어온 한(韓)씨 가문에서는 회화와 자수를 결합하였는데 특히 송원의 명화(名畫)를 바탕으로 한 자수 제품을 만들어 '화수(畫繡)'라 불리기도 하였다. 격사도 자수와 마찬가지로 서법(書法)과 명화(名畫), 그리고 불교의 도화(圖畫)를 본떠서 제작하였다.

상업적으로 생산된 자수 제품과는 별개로 만들어진 중국 민간의 자수는 오래전부터 전 세계의 수집가들이 애지중지하던 것이다. 전통 중국 사회에서는 '남자는 농사일을 하고 여자는 베를 짜는(男耕女織)' 생활 방식이 사회에 뿌리 깊게 자리 잡고 있었으며 전통 철학과 윤리 도덕의 기본 틀을 이루었다. 또한 중국이 견직물의 원산지였던 관계로 중국의 부녀자들은 2000년 동안 가정생활의 필수 과목의 하나로 '여홍(女紅)**'을 배워야 했다. 처녀들은 결혼하기 위해서 커튼이나 속옷, 손수건 등 여러 곳에 수놓을 줄 알아야 했는데 이는 장래 남편의 집안에서 부녀자의 품덕을 평가하는 중요한 내용이어서 조금이라도 소홀히 하면 안 되었다. 이것이 중국의 직수(織繡) 공예가 고도로 발달하게 된 심층적인 원인 중 하나라 해도 무방할 것이다.

경태람(景泰藍)

경태람은 동겹사법랑(銅掐絲琺琅)***을 말하는 것으로 명나라 경태(景泰)[8] 연간부터 대량으로 만들어진 관계로 '경태람'이라 불린다. 이 공예는 원나라 때 페르시아에서 운남 지역으로 들어왔는데 그 후 명나라의 장인들이 여기에 전통적인 금속 상감 기법과 몇몇 도자 공예 기법을 접목하여 완전히 중국화된 공예 미술품으로 탄생하게 되었다. 제작 방법은 먼저 동(銅)으로 태(胎)를 만들고 다시 구리실을 눌러서 문양을 만들고 태 위에 용접하는데 이렇게 한 후 법랑유(琺琅釉)를 무늬 위에 상감하고 가마 속에서 구워내어 다듬으면 완성된다. 경태

경태람 다기

람의 바탕색은 대부분 취람(翠藍)이나 보람(寶藍)색인데 홍색, 녹색, 황색, 백색 등의 문양이 어우러져 있으며 금도금의 겹사를 배합하여 지극히 화려하고 눈부신 광택이 난다.

일반적으로 명대에 제작된 경태람기(景泰藍器)는 동태(銅胎)가 비교적 두꺼운데 형태는 소박하고 안정감 있으며 색채는 진하지만 너무 화려하지는 않다. 표면의 문양도 복잡하다는 느낌은 들지 않는다. 청대 전기에는 밝고 화려하면서 고급스러운 것을 추구하여 지나치게 정교하게 제작되었고 중후반기에 이르러서는 너무 경박하고 조잡스러운 형태를 보여준다.

경태람 제품 중 큰 것으로는 고궁의 범화루(梵華樓) 안에 있는 경태람 장식 불탑(景泰藍藏式佛塔)이 있는데 높이가 2.3m이다. 작은 것들로는 보석함, 이쑤시개통 등이 있는데 한 손에 딱 잡힐 정도의 크기이다. 화려한 외관과 정교한 공예를 자랑하는 경태람의 예술적 생명력은 끊임없이 이어져 현재까지 내려오고 있다.

자사호(紫砂壺)

* 주전자의 주둥이를 말한다.

자사호는 자사 도기(紫砂陶器)의 일종으로 강소 의흥(宜興) 남부에서 생산되는 특수한 자주빛 진흙(紫砂泥)으로 빚어 만든 것이다. 이 흙은 매우 보드라워서 어떤 형태든 빚기가 매우 용이하며 자색(紫色), 자홍색(紫紅色), 녹색(綠色)을 띤다. 자사호가 사랑받게 된 이유는 그 색채보다는 풍부하고 다양한 형태와 차를 우려낼 때의 독특한 효과 때문이다. 자사호는 오래 사용할수록 표면에 광택이 나는데 여기에다 차를 우리면 맛이 쉽게 변하지 않으며 차를 우려먹은 빈 주전자에 뜨거운 물을 부어 마셔 보면 차의 향기가 남아 있다.

명나라 중엽 이후에는 강남의 문인과 선비들도 자사호를 즐겨 만들었는데 동과(冬瓜), 마름, 죽절(竹節), 화고(花鼓)[9], 거위 알, 닭 등 형태를 본뜬 매우 생동감 있는 작품들이 나왔고 또한 자사호 위에 서화나 전각(篆刻)을 새겨 넣어 멋스럽고 우아한 예술품처럼 제작한 것도 있다.

명나라의 자사제량호(紫紗提梁壺)

자사호는 장식이 번잡스러운 것보다는 오히려 장식이 거의 없는 것을 높이 평가한다. 이는 마치 반주 없는 노래와 같아 단점을 숨기기 쉽지 않다. 자사호의 품질을 평가하는 기본적인 방법은 그다지 어렵지 않다. 먼저 주전자를 살짝 기울여 물을 따를 때 손잡이, 물대*, 따르는 물줄기가 일직선상에 있어야 한다. 그리고 주전자의 몸통을 만질 때 촉감이 부드럽고 매끄러워야 하는데 너무 반들거려서 손이 미끄러져도 안 된다. 뚜껑을 열어 안쪽에 몸통과 주둥이가 연결된 부분을 자세히 들여다보면 제작된 연대를 거의 판단할 수 있으며 주전자를 평평한 탁자 위에 엎어놓으면 손잡이와 몸통의 입구, 물대가 평면을 이루어야 한다. 도자기류의 기물은 몸통과 뚜껑을 같은 가마 안에서 구워내기는 하지만 수축 비율이 다르기 때문에 뚜껑과 입구가 얼마나 잘 들어맞느냐에 따라 진품(眞品)과 모조품, 명품(名品)과 일반 제품을 가리게 된다. 물론 상표가 있느냐 없느냐도 매우 중요하다. 이 때문에 자사호는 무조건 오래되었다고 좋은 것이 아니라 품질 자체가 그 가치를 결정하는 중요한 요소가 된다.

1| **비연호**(鼻烟壺): 코에 가까이 대고 향을 즐길 수 있는 코담배 병

2| **가정**(嘉定): 현재의 상해

3| **크레이프**(crepe): 강연사(强撚絲)를 씨실로 짠 오글쪼글한 직물

4| **능**(綾): 무늬가 있는 얇은 비단

5| **암화단**(暗花緞): 드러내지 않은 꽃무늬가 있는 비단

6| **섬단**(閃緞): 선명하고 광택이 있으며 날실과 씨실의 색이 달라 보는 각도에 따라 색이 다르게 보이는 비단

7| **직금**(織錦): 도안이나 그림. 자수 따위를 넣어 짠 견직물

8| **경태**(景泰, 1428~1457): 명나라의 제7대 황제(1449~1457 재위)의 연호. 선덕제의 아들이다. 형인 영종이 오이라트와의 전쟁에서 포로로 잡혀간 후 등극하였다. 선덕제의 아들을 몰아내고 자신의 아들을 황태자로 삼았지만 곧 병으로 죽고 자신도 영종의 추종 세력에게 밀려나고 만다.

9| **화고**(花鼓): 허리에 차고 치는 북

◉ 중국사 연대표

B.C.

6000경	'신석기혁명'이라 불리는 신석기 문화 대거 출현
4500경	반파 유적에서 '채도(彩陶)' 출현
1600경	은(殷) 왕조 성립. 청동기 문화 흥성
1050경	주(周) 왕조 성립
770	낙양(洛陽)으로 천도. 춘추 시대 시작. 철기와 우경(牛耕) 출현
403	전국 시대 시작. 제자백가(諸子百家) 등장
221	진(秦)의 시황제(始皇帝) 최초로 중국 통일, 군현제 실시. 화폐와 도량형, 문자 통일
202	유방(劉邦) 한나라 건국
136	동중서(董仲舒)의 건의에 따라 오경박사(五經博士) 설치. 유학의 국교화
91	사마천(司馬遷), 『사기(史記)』 완성
2	불교 전래

A.D.

9	왕망(王莽), 신(新)황제라 칭함
25	광무제(光武帝) 후한을 건국. 이 무렵 참위설(讖緯說) 유행
105	채륜이 종이를 만듦
184	황건(黃巾)의 난 일어남
220	후한 열망, 위(魏)나라 건국. 문제(文帝) 구품관 인법 제정
221	유비, 촉(蜀)을 건국
222	손권, 오(吳)를 건국. 위, 촉, 오의 삼국 정립(~265)
265	사마염(司馬炎), 위(魏)를 멸망시키고, 진(晉)을 건국(武帝)
439	북위 태무제(太武帝), 화북 지역을 통일(남북조 시대, ~589)
485	북위, 균전제(均田制)를 실시
581	양견(楊堅), 북주(北周)를 멸망시키고 수(隋)를 건국(文帝)
604	과거 제도 개시. 진사과(進士科, 606)
611	양제(煬帝) 고구려 원정, 이후 2차(613) 원정도 실패. 각지에서 반란 발생
618	양제 살해되고 이연(李淵)이 제위에 오름(高祖), 당(唐)의 건국
626	현무문(玄武門)의 변, 이세민이 형, 동생을 살해하고 즉위(太宗)
645	현장, 인도에서 인도 경전을 가지고 귀국(629년 출발)
690	측천무후(則天武后), 예종(睿宗)을 폐위하고 국호를 주(周)로 고침
705	중종(中宗)이 복위, 국호를 당으로 회복. 측천무후 사망(623~)
713	육조(六祖) 혜능(慧能) 사망. 이 무렵 선종(禪宗)이 융성
755	안사(安史)의 난(~763)
875	왕선지(王仙芝)의 난 발발, 황소(黃巢)가 호응하여 황소의 난(~884)
907	주전충(朱全忠), 당을 무너뜨리고 후량(後梁)을 건국. 오대십국(五代十國) 시작
960	조광윤(趙匡胤), 즉위하여 송(宋)을 건국(太祖). 송(宋), 중국 통일
1069	왕안석(王安石)의 신법(新法) 실시 균수법, 청묘법을 실시
1084	사마광(司馬光), 『자치통감(資治通鑑)』 완성
1115	여진(女眞)의 아구타가 즉위하여 국호를 금(金)이라 칭함(金太祖)
1127	송의 휘종, 흠종이 체포되고 북송 멸망, 정강(靖康)의 변. 송의 남천

1206	테무진, 몽골을 통일하고 칭기즈칸이라 칭함
1234	금, 몽골과 남송의 군대에 공격받아 멸망
1279	송 멸망, 원(元) 중국 통일
1315	원, 과거를 재개하고 주자학을 관학(官學)으로 채용
1368	주원장(太祖)이 명을 건국(洪武帝). 원의 순제(順帝), 대도(大都)를 탈출
1399	정난(靖難)의 변(~1402). 연왕(燕王) 북경(北京)에서 거병
1402	연왕 남경을 공략해 즉위(永樂帝)
1431	정화, 제7차 남해 원정(1433년 귀국)
1601	마테오리치, 북경에 들어와 가톨릭 포교 개시
1616	누르하치, 후금(後金)을 건국
1636	후금, 국호를 청(淸)으로 바꿈
1644	이자성, 북경을 점령하고 명을 멸망시킴. 청, 오삼계와 손잡고 이자성군 격파
1661	순치제 사망. 강희제(康熙帝) 즉위
1673	오삼계, 운남에서 거병. 삼번(三藩)의 난 발생
1683	대만 평정, 정씨 세력 소멸
1722	강희제 사망. 옹정제(雍正帝) 즉위
1723	천주교 전면 금지. 고증학(考證學) 융성
1735	옹정제 사망. 건륭제(乾隆帝) 즉위.
1796	건륭제 퇴위. 가경제(嘉慶帝) 즉위. 백련교(白蓮敎)의 난 발생
1840	아편전쟁(~42)
1851	태평천국운동(太平天國運動, ~64)
1865	양무운동(洋務運動) 개시
1894	청일전쟁 발발. 11월, 손문(孫文)이 하와이에서 흥중회(興中會) 결성
1898	무술변법(戊戌變法). 캉유웨이 등 일본 망명
1899	의화단 사건 발발
1911	무한에서 신군(新軍)이 봉기해 신해혁명(辛亥革命)으로 발전
1919	5 · 4운동 발발
1921	중국공산당 결성
1931	9월, 9 · 18 만주사변 발생
1937	중일전쟁 시작. 9월, 제2차 국공합작, 11월 일본군 남경대학살
1949	10월 1일, 중화인민공화국 성립 선언. 12월, 장개석, 대만으로 이주
1958	대약진운동 개시, 전국에 인민공사 설립, 향후 3년간 2천만 명이 아사함
1966	프롤레타리아 문화대혁명(~76)
1978	등소평(鄧小平), 실용주의 노선 채택하며 개혁 개방 실시
1989	6월 4일, 천안문 사건 발생. 민주화운동 탄압
1992	1월 등소평이 화남의 경제 특구와 상해 등을 시찰. 〈남순강화(南巡講話)〉가 공표되어 시장 경제 가속화. 8월 24일 한중 수교
1997	1월 17일, 등소평 사망. 7월 1일 홍콩 반환
2003	강택민의 뒤를 이어 후진타오(胡錦濤)가 중화인민공화국 주석에 취임

중국문화 8 문물

초판 1쇄 인쇄 2008년 8월 20일
초판 1쇄 발행 2008년 8월 25일
지은이 리리
옮긴이 김창우
펴낸이 김호석
펴낸곳 도서출판 대가
등록 제 311-47호
주소 서울시 마포구 상수동 6-1 대한실업빌딩 301호
전화 (02) 305-0210/306-0210
팩스 (02) 305-0224
전자우편 dga1023@hanmail.net
홈페이지 www.bookdaega.com
디자인 · 편집 f205
교정교열 김지희
인쇄 서강총업
용지 큐페이퍼
제본 다인바인텍

가격 16,000원

ISBN 978-89-90999-88-7 04910
ISBN 978-89-90999-79-5 04910(세트)

이 도서의 국립중앙박물관 출판시도서목록(CIP)은
e-CIP(http://www.nl.go.kr/cip.php)에서
이용하실 수 있습니다.
(CIP제어번호: CIP2008002434)